もくじ

取り外してお使いください 赤シート＋直前チェックBOOK,別冊解答

※全国の定期テストの標準的な出題範囲を示しています。学校の学習進度とあわない場合は,「あなたの学校の出題範囲」欄に出題範囲を書きこんでお使いください。

Step 1

朝のリレー

15分

1 詩を読んで、問いに答えなさい。

▼教 16ページ1行～17ページ8行

朝のリレー

谷川《たにかわ》 俊太郎《しゅんたろう》

カムチャッカの若者が
きりんの夢を見ているとき
メキシコの娘《むすめ》は
朝もやの中でバスを待っている
ニューヨークの少女が
ほほえみながら寝《ね》がえりをうつとき
ローマの少年は
柱頭《ちゅうとう》を染める朝陽《あさひ》にウインクする
この地球では
①いつもどこかで朝がはじまっている
②ぼくらは朝をリレーするのだ
経度から経度へと
そうしていわば交替《こうたい》で地球を守る
眠《ねむ》る前のひととき耳をすますと
どこか遠くで目覚時計《めざましどけい》のベルが鳴ってる
それはあなたの送った朝を

(1) ——線①「いつもどこかで朝がはじまっている」とありますが、朝を迎《むか》えているのは誰と誰ですか。詩から二つ抜《ぬ》き出しなさい。

(2) ——線②「ぼくらは朝をリレーするのだ」について答えなさい。

❶ どのようなことを表していますか。次から一つ選び、記号で答えなさい。

ア みんなが朝を待っていること。
イ 世界の国々が順に朝を迎えること。
ウ 気がつけば朝がきていること。

❷ 朝がリレーされたことは、どのようなことからわかりますか。次の文の□に当てはまる言葉を詩から抜き出しなさい。

□のが、眠る前に聞こえること。

(3) この詩の主題を次から一つ選び、記号で答えなさい。

ア 朝は、生まれ変わったような新鮮《しんせん》な気持ちになること。
イ 今や世界中の若者は、昼夜の別なく連絡《れんらく》がとれること。
ウ 世界中の人々が、同じ地球の上でつながっていること。

誰《だれ》かがしっかりと受けとめた証拠《しょうこ》なのだ

〈『谷川俊太郎詩集 続』〉より

2 ——線の漢字の読み仮名《がな》を書きなさい。

1 布を染める。

2 祖父の遺産。

3 腹痛に苦しむ。

4 裁判所の見学。

5 祖母を訪ねる。

6 専門家に聞く。

7 厳格な規則。

8 税金を納める。

9 熱戦に興奮する。

10 補欠になる。

11 意見が異なる。

12 誤りを正す。

13 江戸《えど》幕府

14 危険をさける。

15 老師を敬う。

16 仏像を拝む。

テストで点を取るポイント

国語の中間・期末テストでは、次のポイントを押《お》さえて確実に点数アップをねらうことができます。

☑ **ノートを確認《かくにん》して、教科書を音読する**

❶授業中の板書を写したノートをおさらいする。

国語の定期テストでは黒板に書かれた内容がテストで問われることが多く、先生によっては要点を赤字にしたり、繰《く》り返し注意したりしてヒントを出してくれています。

❷教科書の文章を音読して読み直す。

テストで出る文章は決まっているので、必ず何度も読み直して文章内容を理解しておきましょう。

☑ **ステップ1・ステップ2を解く**

≫実際に文章読解問題・文法問題を解いて、内容を理解できているか確認します。いずれも時間を計って、短時間で解く練習をしておきましょう。

☑ **小冊子で漢字を確認する**

≫テスト直前には新出漢字や文法事項《じこう》、古文単語などの暗記事項を確認します。

国語は、ノート整理→音読→演習問題→漢字暗記の4ステップで、短期間でも高得点がねらえるよ！

Step 1

竜

15分

1 文章を読んで、問いに答えなさい。

▼教 22ページ1行～23ページ18行

それなのに、ある夜のこと、とうとう村人に見つかってしまった。見つけたのは村の釣りてんぐの一人、木こりの楢《なら》やんだった。風のぐあい、湿り気から推して、これは釣れると、えさもたっぷり用意して小舟《こぶね》をこぎ出し、沼のまん中で釣り始めた。思ったとおり、釣れるわ、釣れるわ……！　もう一匹、もう　つ……と調子にのって釣るうちに、はや、月も高い、夜半に近くなった。

時間のことなどかまわなかったが、さすがにくたびれた楢やんが、ふと手を休めて前を見ると、①途方《とほう》もなく大きなうなぎがにょろりと泳いでおる。

——こらまあ、つきについとるど……。

と、舟をそろりと寄せようとしたとき、沼の面《おもて》に、どでかい穴が、二つ開いたかと思うと、②なま暖かい空気が、ぶわあっと辺り一面に広がった。

三太郎《さんたろう》が、たまっていた息を吐《は》いたのである。

そして、よほど気が大きくなっていたときなのか、三太郎は、ちょいと顔を突き出してみたのだ。

うなぎがひょろりと立ち上がった。そいつが三太郎のひげだったことは、いうまでもない。

楢やんの目が、ふだんの十倍ほどにも見開かれたが、三太郎の目

(1) ——線①「途方もなく大きなうなぎ」とありますが、それは実は何でしたか。文章中から六字で抜き出しなさい。

(2) ——線②「なま暖かい空気」とありますが、これは何でしたか。文章中の言葉を使って十字以上で答えなさい。

(3) ——線③「わああっと……抜かしてしまった」とありますが、この表現について、次の文の(　)に当てはまる言葉を、文章中からそれぞれ四字で抜き出しなさい。

「(　a　)」は驚きの大きさを表し、「(　b　)」は驚きのあまり力が抜けた様子を表している。

a

b

(4) ——線④「きゃっとわめいて、飛び上がった」とありますが、ここから三太郎のどのようなことがわかりますか。次から一つ選び、記号で答えなさい。

ア 臆病《おくびょう》さ　イ 気の強さ　ウ 慎重《しんちょう》さ

は、その何百倍も大きかった。楢やんは、③わああっとわめいて、へたへたと腰を抜かしてしまった。

しかし、三太郎のほうはもっと驚《おどろ》いた。人に見つかっただけでなく、そいつに、わああっと脅《おど》かされたのだからたまらない。こちらも、④きゃっとわめいて、飛び上がった。

といっても、そこがそれ、山を二巻きもできるほどでかい竜のこと、沼の水は泡《あわ》だち逆巻き立ち上り、楢やんは舟ごと岸にふっ飛ばされてしもうた。

楢やんがやっと気がついたときには、三太郎はとっくに沼の底深く沈み、前よりももっとひっそりと息をころして、上の様子をうかがっておった。

沼の周りに人がうろうろし始めるようになるのに、何日もかからなかった。⑤楢やんが言いふらしたせいにちがいなかった。

そればかりか、よほどの物好きがいるとみえて、夜になっても帰らない。かがり火などたいて、気長に三太郎が顔を出すのを待っている様子なのだ。

これには三太郎も困ってしまった。これでは日に一回の胸の空気の入れ換えもできない。といっても、もう一度人間と顔突き合わせることなど思いもよらず、三太郎は、⑥ただただしょんぼりととぐろを巻いておるばかりであった。

今江　祥智「竜」〈『龍』〉より

(5) ——線⑤「楢やんが言いふらした」とありますが、どのようなことを言いふらしたのですか。次の文の（　）に当てはまる言葉を、文章中から指定の字数で抜き出しなさい。

沼に住む（a　五字）に出会い（b　七字）しまったこと。

a

b

(6) ——線⑥「ただただ……巻いておるばかり」とありますが、三太郎はなぜそうしていたのですか。次から一つ選び、記号で答えなさい。

ア　かがり火をたいて気長に待つような人間は好きになれないから。
イ　人間に見られたくなくて沼の面に顔を出すことができないから。
ウ　楢やんにけがをさせてしまったので合わせる顔がないから。

ヒント

(1) 「うなぎがひょろりと立ち上がった。そいつが……」とある部分に注目しよう。

(3) この文には擬態語《ぎたいご》と擬声語が使われている。どのような様子を表しているか考えよう。

「擬態語」は状態を表した言葉、「擬声語」は人間や動物の声だよ。

Step 2

竜

1 文章を読んで、問いに答えなさい。思

▼教 24ページ15行～27ページ4行

さて、そんな日が何日続いたあとだったか。①不思議なことに、あれほどざわついていた沼の周りが、いつやら、以前どおりに、しんとしているではないか。

三太郎《さんたろう》は、それでも用心深く、夜半になってから、そろそろそろそろと鼻先を突き出した。ああそのときの夜の空気のうまかったこと。

そのときは、慌《あわ》ててまた潜ったが、明くる日も、また明くる日も、沼の周りに人の来る様子はない。三太郎はすっかりうれしくなって、ひとつ思いきって飛び出してやろうと決心した。

なにしろ、何日も何日も沼の底に②くすぶっていたものだから、体中、藻《も》だらけ水ごけだらけ。③ぬるぬるねちねちして、気持ちの悪いことおびただしい。そんなときには思いきって飛び上がり、雲に乗って一駆けすればさっぱりするのだ。

三太郎はとうとう心を決め、それから三日したある真夜中、ものすごい勢いで沼の底から飛び出した。沼のまん中から竜巻が起こり、雲を呼んで駆ける三太郎の下に広がる田畑一面に大雨を降らせた。

そのころ日照り続きに④頭を抱《かか》えていた百姓《ひゃくしょう》たちは躍《おど》り上がって喜んだ。

――なんでも、あの沼から竜神様が飛び上がったちゅうど。

(1) ――線①「不思議なことに……しんとしている」とありますが、沼の周りが静かになったのはなぜですか。理由がわかる一文を探し、初めの五字を抜き出しなさい。

(2) ――線②「くすぶっていた」、――線④「頭を抱えていた」とありますが、それぞれどのような意味ですか。次から一つずつ選び、記号で答えなさい。

ア 楽しみに待っている。　イ 解決策が浮かばず考えこむ。

ウ 引きこもって過ごす。　エ 行動を起こす決心をする。

(3) ――線③「ぬるぬるねちねち」とありますが、この擬態語《ぎたいご》はどのような様子を表していますか。

(4) ――線⑤「いきさつ」とありますが、どのようないきさつが書かれたと考えられますか。簡潔に書きなさい。

(5) ――線⑥「けがの功名」とありますが、ここではどういうことを指していますか。次から一つ選び、記号で答えなさい。

ア 雲に乗って駆けただけで、思いがけず竜神様だと思われたこと。

イ 百姓たちに見られただけで、沼の底から出られなくなったこと。

ウ 沼から鼻先を出しただけで、周りにしめ縄をめぐらされたこと。

点UP

(6) ――線⑦「三太郎のあくびは、きれいな緑色のあぶくになって、ゆっくりと沼の中を上っていった」とありますが、このときの三太郎は、どのような気持ちだったと思われますか。

20分

/100

目標 75点

――やっぱ、竜がござらっしゃったか。
――どんと、祭るべや。

沼の周りに見物に来ていた連中が引き揚《あ》げたのもあたりまえ。日照り続きに、竜見物どころではなくなったのであった。

そんなこととは知らぬ三太郎は、久しぶりに風呂《ふろ》に入ったようにさっぱりした気持ちで、また、ずぶりと沼に身を沈めた。

百姓たちが沼の周りにしめ縄を張りめぐらし、立て札を立てて⑤いきさつを書き連ねるのにもまた何日もかからなかった。

見物衆が、以前にもまして増えたのはいうまでもなく、三太郎は以前より小さくなっていなければならなくなってしまった。

しかし、⑥けがの功名とはいえ、竜神様とたてまつられるのは、まんざら悪い気持ちでもない。これなら、十年もして、とっつあんの竜大王《りゅうだいおう》が見回りに来たとき、ちっとは申しわけも立とうというものだ。

三太郎はそう思うと、頬《ほお》を赤らめ、気の弱そうな苦笑いを浮かべて、ああんと一つ、小さなあくびをして考えた。（神様ちゅうもんは、退屈《たいくつ》なもんじゃ……。）

⑦三太郎のあくびは、きれいな緑色のあぶくになって、ゆっくりと沼の中を上っていった。

今江　祥智「竜」〈『龍』〉より

❷ ――線のカタカナを漢字で書きなさい。

❶ 空気を入れカえる。
❷ 森にカクれる。
❸ シメり気がある。
❹ コシが痛い。

❶							❷			
(1)	(2) ②	(2) ④	(3)	(4)	(5)	(6)	❶	❷	❸	❹
10点	各5点		15点	15点	10点	20点			各5点	

成績評価の観点　思…思考・判断・表現

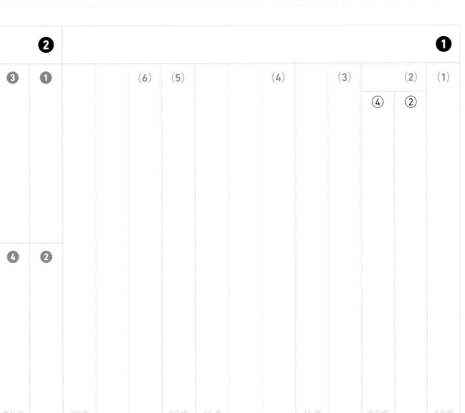

Step 2 言葉発見①／漢字を身につけよう①

（朝のリレー〜漢字を身につけよう①）

20分

／100

目標 75点

1 ――線の漢字の読み仮名《がな》を書きなさい。

① 海に潜る。
② キャプテンに推す。
③ かすかに微笑する。
④ 物語の冒頭。
⑤ 要旨をまとめる。
⑥ 心情を捉える。
⑦ 社員を募集する。
⑧ ポスターの掲示。
⑨ 漢字を楷書で書く。
⑩ 姓名を名乗る。
⑪ 賞金を獲得する。
⑫ 成績不振のチーム。
⑬ 高い山を越える。
⑭ 汚名をそそぐ。
⑮ 語彙が豊富だ。

1 各2点

2 カタカナを漢字に直しなさい。

① リュウジン様
② 草原を馬がカける。
③ ヌマのほとり。
④ 拳《こぶし》をツき出す。
⑤ 川でツりをする。
⑥ イッピキの魚。
⑦ 腰をヌかす。
⑧ 太陽がシズむ。
⑨ 船をウかべる。
⑩ 自己ショウカイ
⑪ 壁《かべ》に絵をカザる。
⑫ ユウシュウな人。
⑬ シンセンな空気。
⑭ サッキン消毒する。
⑮ ワザを使う。

2 各2点

3 音声のしくみとはたらきについて、次の問いに答えなさい。

(1) 次の言葉は幾《いく》つの音節からできていますか。それぞれ算用数字で答えなさい。

1 ざんしょ（残暑）　2 きって（切手）
3 きょうかしょ（教科書）　4 カレンダー
5 シュークリーム　6 マットうんどう（運動）
7 とうきょう（東京）オリンピック
8 「こんにちは」はずむ笑顔《えがお》のあいさつだ。
9 いつの日にかこの場所でまた会いましょう。

(2) 例にならって次の言葉をローマ字で書き、母音《ぼいん》に――線を引きなさい。

例　星→hosi(hoshi)

1 うさぎ　2 松林　3 パトカー
4 学校行事　5 ファンタジー

(3) ――線の音節の種類をあとから一つずつ選び、記号で答えなさい。

1 ドーナツ　2 ランドセル
3 ポスター　4 しゃしん（写真）
5 ほっかいどう（北海道）　6 かんばん（看板）

ア 濁音《だくおん》　イ 半濁音　ウ 拗音《ようおん》
エ 撥音《はつおん》　オ 促音《そくおん》　カ 長音

3

(1)

1	2	3
4	5	6
7	8	9

各2点

(2)

1	2
3	4
5	

各2点

(3)

1	2	3
4	5	6

各2点

テストに出る

●音節　「指を折って数えられる音」のこと。

・拗音（「や・ゆ・よ」を含《ふく》む音）「しゅ」「にょ」などは一音節。

・促音（っ）・長音（ー）・撥音（ん）は、それぞれ一音節。

●音節の種類

濁音	ガ・ザ・ダ・バ行	**半濁音**	パ行
拗音	「キャ」「シュ」「ピョ」など	**撥音**	「ン」はねる音
促音	「ッ」つまる音	**長音**	「ー」のばす音

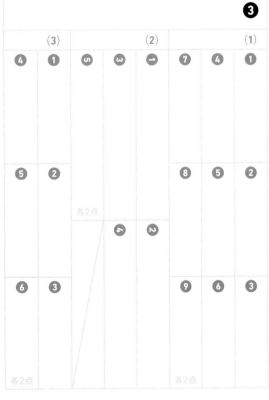

Step 1 ペンギンの防寒着

15分

❶ 文章を読んで、問いに答えなさい。

▼㊙40ページ1行〜42ページ10行

南極のペンギンたちは、真冬にはマイナス六〇度にもなる厳しい寒さの中で暮らしています。人間であれば、ダウンジャケットや厚手のコートなしでは外に出ることさえできない寒さです。

ペンギンたちはどのようにしてこの厳しい寒さをしのいでいるのでしょうか。彼らの体に備わった保温のしくみを探《さぐ》っていきましょう。

一つめは羽根です。ペンギンは鳥類に属していますが、その羽根は空を飛ぶ鳥のものとは少し違います。一枚一枚の羽根が小さくびっしり生えています。ペンギンの体をほぼ隙間《すきま》なく覆《おお》っているこの羽根は、水にぬれたり海中に潜って水圧がかかったりすると、まるで①全体が一枚の柔《やわ》らかい布のようにつながるというしくみになっています。つまり、ペンギンの羽根は、防水性のコートやウエットスーツの役目を果たしているのです。一枚の皮のようになった羽根は、外からの寒さを防ぐとともに、その下の皮膚《ひふ》との間に空気を閉じ込めて、体温の低下を防ぐ空気の層をつくります。成鳥のペンギンの場合、保温効果全体の八〇〜九〇パーセントが、こうした羽根のしくみによるものとされています。

それでは、まだしっかり羽根の生えていないヒナの場合などではどうなるのかと疑問を抱く人もいるでしょう。

(1) この文章では、最初にどのような問題が提起されていますか。次から一つ選び、記号で答えなさい。

ア ペンギンは主にどんな環境《かんきょう》で暮らしているのか。
イ ペンギンはどのようにして厳しい寒さをしのぐのか。
ウ ペンギンは真冬にどのようにしてヒナを育てるのか。

（　　）

(2) ――線①「全体が一枚の柔らかい布のようにつながる」とありますが、これはどんなはたらきをしますか。次の文の（　）に当てはまる言葉を、文章中から指定の字数で抜き出しなさい。

（a 九字）はたらきと、空気の層をつくって（b 八字）はたらき。

a □□□□□□□□□
b □□□□□□□□

(3) ――線②「その疑問」とありますが、どのような疑問ですか。次から一つ選び、記号で答えなさい。

ア 羽根が生えていないヒナはどうやって体温を保つのか。
イ ペンギンのヒナの羽根はいつごろ生えてくるのか。
ウ ヒナはなぜ保温をしなくても生きていけるのか。

（　　）

②その疑問を解決するのが二つめの保温のしくみ、脂肪層です。例えば、キングペンギンのヒナの場合には、体重の約四〇パーセントを占める脂肪層が保温効果の主役となります。

③この脂肪層は、ヒナだけでなく成鳥のペンギンにとっても重要なのです。例えば、エンペラーペンギンの場合は、マイナス六〇度・秒速五〇メートルを超《こ》える吹雪《ふぶき》の中、卵やヒナをお腹《なか》のたるんだ皮で覆うようにして温めるのですが、子育て時の親鳥の皮の脂肪層の厚さは二〜三センチメートルにも達します。

保温のしくみの三つめは羽根に塗る脂です。ペンギンは陸上でも海上でも時間があればいつもくちばしで羽根の乱れを直します。尾《お》羽根《ばね》のつけ根の器官から出る脂をくちばしですくい取っては、羽根の表面に塗りつけているのです。羽根に脂を塗るという行動は、冷たい海の中に潜って餌となる魚をとるときにはいっそう重要性を増します。もし羽づくろいをせず、羽根の表面を覆う脂がなければ、水中で熱を奪われる量は倍増してしまうという研究データがあります。

このように、ペンギンは、④脂肪層、皮膚、空気層、羽根、羽根に塗られた脂という、いわば五枚の層によってつくられた高性能の防寒着に身を包んで寒さから身を守っているというわけです。

上田 一生「ペンギンの防寒着」より

(4) ——線③「この脂肪層は……重要なのです」とありますが、なぜですか。次から一つ選び、記号で答えなさい。

ア 吹雪の中を歩き続けるための養分となるから。
イ くちばしで羽根の乱れを直すときに必要になるから。
ウ 子育てをするときに卵やヒナを温めるのに役立つから。

（　　）

(5) ——線④「脂肪層、皮膚、空気層、羽根、羽根に塗られた脂」とありますが、この五枚の層について、保温のしくみの「一つめ」「二つめ」「三つめ」の部分では、どれを説明していますか。

一つめ（　　）
二つめ（　　）
三つめ（　　）

(6) (1)で提起された問題の答えを簡潔にまとめなさい。

（　　）

ヒント

(1) 第二段落の「ペンギンたちは……のでしょうか」という部分に注目しよう。「〜でしょうか」は問題提起の形。

(4) 「この脂肪層」は前の文の「脂肪層」を指している。続けて「例えば」と例を挙げて、その重要さを説明している。

Step 1 クジラの飲み水

15分

1 文章を読んで、問いに答えなさい。

▼教 44ページ1行～46ページ2行

①「海には水が不足している。」と言ったら、ほとんどの人はそんなことがあるわけがないと思うだろう。もちろん海水の大部分は水であるし、海が大きな水の塊であることは確かである。しかし、私たち人間をはじめ、哺乳類に属する動物にとって、飲み水という面からみると、海は砂漠と同じかそれ以上に水が乏《とぼ》しい環境なのだ。

　動物の多くは、体重の約六〇～七〇パーセントが水分であり、人間の場合は、その約五パーセントを失うと危険な状態になってしまう。けれども、私たちは毎日、汗や排《はい》せつや呼吸によって約二〇〇〇～二五〇〇ミリリットルの水分を失っている。そのため、飲み物や食べ物で毎日水分を補っているわけである。

　海は水の塊だが、海水浴をしているときや海で遭難《そうなん》して喉《のど》が渇いたときであっても、②決して海水を飲んではいけない。陸にすむ哺乳類の体液には、塩分が含まれているが、海水に比べるとその割合ははるかに少ない。体液よりも塩分が多い海水を飲むと、私たちの喉は逆に渇いてしまい、危険なことになる。

　クジラは人間と同じ哺乳類であり、先祖は大昔、陸上で生活していたと考えられている。海の中で生きるようになったクジラにとって、飲み水をどのようにして得るかということは、非常に大きな問題である。

(1) ――線①「海には水が不足している」とありますが、筆者がこのように言うのはなぜですか。次から一つ選び、記号で答えなさい。

ア 海水は塩分が多すぎるので、飲み水にはならないから。
イ すべての生物に必要なだけの十分な飲み水がないから。
ウ 海水が汚染《おせん》されていて、きれいな水があまりないから。

（　）

(2) ――線②「決して海水を飲んではいけない」とありますが、それはなぜですか。次の文の（　）に当てはまる言葉を書きなさい。

人間の（ a ）に含まれる（ b ）の割合は、海水よりも（ c ）ため、海水を飲むとよけいに（ d ）、危険だから。

a（　）　b（　）　c（　）
d（　）

(3) ――線③「クジラはどのようにして飲み水を得ているのであろうか」とありますが、この疑問に対する答えを、筆者はどのように考えていますか。文章中から二十七字で探し、初めと終わりの五字を抜き出しなさい。（句読点も字数に含む。）

それでは、いったい③クジラはどのようにして飲み水を得ているのであろうか。

第一に考えられるのは、クジラは、塩分の多い海水を飲むことができるのではないかということだ。

確かにクジラの体は、海の環境に適応して体の形やはたらきがいろいろに変化したが、体液中の塩分は海水と同じような割合になっていないし、海水を淡水《たんすい》に変えるような体のはたらきも備わっていない。つまり、飲み水に関しては、陸にすむ哺乳類とほとんど変わらず、④クジラも海水を飲んで喉の渇きを癒《い》やすことはできないのである。

大隅 清治「クジラの飲み水」より

〜

(4) ——線④「クジラも海水を飲んで喉の渇きを癒やすことはできない」とありますが、なぜできないのですか。次から一つ選び、記号で答えなさい。

ア クジラは哺乳類だが、海の環境に適応して、体のはたらきが変化してしまっているから。

イ クジラは体液中の塩分が海水よりも少なく、海水を淡水に変える体のはたらきもないから。

ウ クジラは海の中で生きるようになって、体液中の塩分を多くする体のはたらきを失ったから。

（　　）

ヒント

(1) この「水」は「飲み水」のことである。第三段落に注目すると、「海は水の塊だが、……」と断ったうえで、あとに「海水」は「飲み水」にはならない理由が述べられている。

(3) 続く段落で「第一に考えられるのは、……」と述べられている。筆者はまず仮説を立てて考えている。

「〜であろうか」は問題提起だね。あとに答えが述べられるよ。

Step 2

クジラの飲み水

20分

/100

目標 75点

1 文章を読んで、問いに答えなさい。思

▼教47ページ2行〜48ページ11行

＊それでは、①塩分を多く含んだ食べ物を海水と一緒に食べてもクジラは平気なのかという疑問をもつ人がいるだろう。

クジラは、捕《と》らえた食べ物を口の中や喉《のど》でぎゅっと絞《しぼ》り、海水は吐《は》き出し、食べ物だけを胃に送っている。実際クジラの胃を調べてみると、食べ物は絞って固められた状態で入っており、海水はほとんど含まれないのである。

そうなると残された道は、クジラが自らの体内で水を作るということになる。

一般《いっぱん》に動物は食べ物を消化して、脂肪や炭水化物やタンパク質を分解する。そのときにエネルギーと水ができるのだ。クジラは②この水を利用しているのである。特に脂肪が体内で分解されるときには、炭水化物やタンパク質に比べ、多くの水が生まれる。③幸運なことに、クジラの食べ物には多量の脂肪分が含まれているのである。

また、クジラの体には多くの脂肪が蓄えられている。だから、食べ物を口にしないときも、クジラは④この脂肪を分解して水を得ることができるのである。砂漠にいるラクダも、背中のこぶにためた脂肪を分解して水を得ることによって、長時間水を飲まずに暮らすことができる。

しかし、食べ物や体内に蓄えた脂肪から、あり余るほどの水がで

(1) ——線①「塩分を多く含んだ食べ物を海水と一緒に食べてもクジラは平気なのか」とありますが、なぜ平気なのですか。簡潔に答えなさい。

(2) ——線②「この水」とありますが、何のことですか。文章中の言葉を用いて答えなさい。

(3) ——線③「幸運なことに」とありますが、筆者が「幸運」だと述べているのはなぜですか。次から一つ選び、記号で答えなさい。

ア クジラは食べ物から多くの水を作ることができるから。

イ 海にはクジラが生きていくために十分な食べ物があるから。

ウ クジラの食べ物は塩分の割合が海水とほぼ同じだから。

(4) ——線④「この脂肪」とありますが、どのような脂肪のことですか。

(5) ——線⑤「貴重な水分は主に排せつによって失われることになる」とありますが、それでもクジラが排せつしなければならないのはなぜですか。それがわかる一文を文章中から探し、初めの五字を抜き出しなさい。（句読点も字数に含む。）

点UP

(6) クジラは海の中で、「水（飲み水）」について、どのようにして生きているのですか。文章中の言葉を使って、簡潔に答えなさい。

きるわけではない。この貴重な水分を有効に使うため、クジラの体はできるだけ余分な水分を失わないようになっている。

陸上の動物の場合、体の水分が失われる要因としては、呼吸・発汗・排《はい》せつの三つがある。だが、海洋では水蒸気が比較的多く、湿度が非常に高いので、呼吸によって失われる水分の量は極《きわ》めて少ない。また、クジラには汗腺がないため、汗によって水分が失われることはない。したがって、クジラの場合、⑤貴重な水分は主に排せつによって失われることになる。これはもったいない話のように思える。けれども、尿を出すことは、どうしても体内に取り込んでしまう余分な塩分や老廃物《ろうはいぶつ》を排出するという重要な役目を果たしているのである。

（注）それでは…哺乳類であるクジラは、海水は塩分が多すぎて「飲み水」にはできないとわかった。食べ物となる生物の体に含まれる水分を利用しているのではないか、とも考えるが、クジラの食べ物は塩分の割合が海水とほぼ同じである。

大隅　清治「クジラの飲み水」より

❷ ——線のカタカナを漢字で書きなさい。

❶ カンキョウを守る。

❷ 暑さに喉がカワく。

❸ 空気がカンソウする。

❹ 宿題を友達にタヨる。

❶						❷	
(1)	(2)	(3)	(4)	(5)	(6)	❶	❸
15点	10点	10点	10点	15点	20点	❷	❹ 各5点

Step 2

漢字のしくみ1／言葉発見②

（ペンギンの防寒着～言葉発見②）

20分

／100

目標 75点

1 ——線の漢字の読み仮名《がな》を書きなさい。

1 金魚の餌を買う。
2 熱を奪う。
3 氷の塊が浮かぶ。
4 食料を蓄える。
5 汗腺の機能。
6 甲《こう》乙つけがたい。
7 亜熱帯の森林。
8 乱暴な行為だ。
9 合格を祈願する。
10 必需品をそろえる。
11 飽和状態になる。
12 猿の群れがいる。
13 唾液のはたらき。
14 渦巻き模様
15 邪悪な心。

1

1	5	9	13
2	6	10	14
3	7	11	15
4	8	12	

各2点

2 カタカナを漢字に直しなさい。

1 希望をイダく。
2 皮下シボウ
3 ペンキをヌる。
4 ホニュウ類の仲間。
5 アフリカのサバク。
6 養分をフクむ。
7 イッショに行く。
8 兄とヒカクする。
9 ニョウ検査をする。
10 ハジをかく。
11 オドりを習う。
12 サンガク地帯
13 今週はイソガしい。
14 リンリ学を学ぶ。
15 テイ抗《こう》する。

2

1	5	9	13
2	6	10	14
3	7	11	15
4	8	12	

各2点

❸ 活字と手書き文字・画数・筆順について、次の問いに答えなさい。

(1) 次の書体の名前をあとから一つずつ選び、記号で答えなさい。

❶ 国語辞典　❷ 国語辞典　❸ 国語辞典

ア 明朝《みんちょう》体　イ ゴシック体　ウ 教科書体

(2) 次の漢字の総画数を、それぞれ漢数字で答えなさい。

❶ 衣　❷ 都　❸ 巻

(3) 「卵」の筆順が正しいものを選び、記号で答えなさい。

ア　イ　ウ

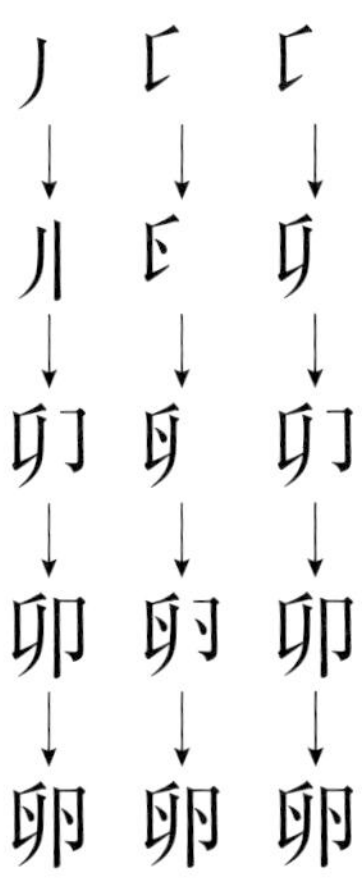

(4) 次の漢字の太字の部分は何画目に書きますか。それぞれ漢数字で答えなさい。

❶ 垂　❷ 善　❸ 飛　❹ 密

❹ ——線の話し言葉を、書き言葉に直して書きなさい。（「だ・である」体を使うこと。）

先週から雨が❶続いてるよね。ずっと家の中なので❷つまんなくて、❸つい弟とけんかしちゃった。❹ちょっと外出しようかななんて❺思ってるんだ。

❸

(1)	(2)	(3)	(4)
❶	❶	3点	❶
❷	❷		❷
❸	❸		❸
各2点	各3点		❹
			各3点

❹

❶	❷	❸	❹	❺
				各2点

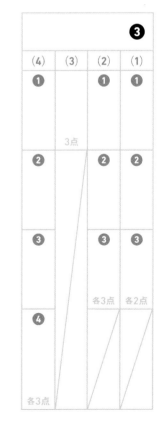

Step 1

空中ブランコ乗りのキキ

15分

1 文章を読んで、問いに答えなさい。

▼㊫67ページ13行〜69ページ10行

「おまえさんは知っているかね?」

「何をです?」

「今夜、この先の町にかかっている金星サーカスのピピが、三回宙返りをやったよ。」

「本当ですか。」

「とうとう成功したのさ。みごとな三回宙返りだったそうだよ。」

「①そうですか……。」

「その評判を書いた新聞が、今、定期船でこの町へ向かって走っている。明日の朝にはこの町に着いて、みんなに配られる。おまえさんの三回宙返りの人気も、今夜限りさ……。」

「そうですね……。」

「そうだよ。②明日の晩の、拍手は、今夜の拍手ほど大きくはないだろうね。」

「でもね、おばあさん。金星サーカスのピピがやったとしても、まだ世界には三回宙返りをやれる人は、二人しかいないんですよ。」

「今までは、おまえさん一人しかできなかったのさ。それが、ピピにもできるようになったんだからね。お客さんは、それじゃ練習さえすれば、誰にでもできるんじゃないかな、って考え始めるよ。」

キキは黙ってぼんやりと海の方を見ました。しかしまもなく振り

(1) ——線①「そうですか……。」とありますが、このときのキキの気持ちとして適切なものはどれですか。次から一つ選び、記号で答えなさい。

ア 予想していたとおりのことと、冷静に受け入れる気持ち。
イ 覚悟《かくご》を決めて、何を言われても動じないという気持ち。
ウ 不安が現実になってしまい、動揺して沈んだ気持ち。

(2) ——線②「明日の晩の、拍手は、今夜の拍手ほど大きくはないだろうね」とありますが、おばあさんはなぜこのように言うのですか。次から一つ選び、記号で答えなさい。

ア 三回宙返りをやれる人はまだ世界で二人だけだと観客が気づかないと思ったから。
イ 三回宙返りは練習すれば誰でもできると観客が考えることになると思ったから。
ウ キキがこれほど驚《おどろ》いているようでは、明日の演技に集中できないと思ったから。

(3) ——線③「明日の晩四回宙返りをやるつもりだね」とありますが、おばあさんがこう考えたのは、キキのどんな様子を見たからですか。文章中からそれが書かれているひと続きの二文を探し、初めの五字を抜き出しなさい。

返ってほんのちょっとほほえんでみせると、そのままゆっくり歩き始めました。

「おやすみなさい。おばあさん。」

「お待ち。」

キキは立ち止まりました。

「おまえさんは、明日の晩四回宙返りをやるつもりだね。」

「ええそうです。」

「死ぬよ。」

「いいんです。死んでも。」

「おまえさんは、お客さんから大きな拍手をもらいたいという、ただそれだけのために死ぬのかね。」

「そうです。」

「いいよ。それほどまで考えてるんだったら、おまえさんに四回宙返りをやらせてあげよう。おいで……。」

おばあさんは、かたわらの小さなテントの中に入り、やがて、澄んだ青い水の入った小瓶を持って現れました。

「これを、やる前にお飲み。でも、いいかね。一度しかできないよ。一度やって世界中のどんなブランコ乗りも受けたことのない盛大な拍手をもらって……それで終わりさ。それでもいいなら、おやり。」

別役　実「空中ブランコ乗りのキキ」〈『黒い郵便船』〉より

(4) ——線④「いいんです。死んでも」とありますが、この言葉にこめられたキキの思いとして適切なものはどれですか。次から一つ選び、記号で答えなさい。
ア　死ぬかもしれないのはやはり怖《こわ》い、という思い。
イ　四回宙返りはじゅうぶん練習した、という思い。
ウ　拍手をもらえるなら死んでもいい、という思い。

(5) ——線⑤「それでもいいなら、おやり」とありますが、どういうことですか。具体的に、「…もいいなら、…なさい。」の形で答えなさい。

ヒント
(3) これより前の、キキが考えをめぐらせたあと、何かを決心したような行動をとっている描写に注目しよう。
(5) 「おやり」とは、何をやることを言っているのか考えよう。「それでもいいなら」の「それ」は、「盛大な拍手をもらって……それで終わり」を指している。

Step 2

空中ブランコ乗りのキキ

20分

／100
目標 75点

❶ 文章を読んで、問いに答えなさい。思

▼教 70ページ3行～72ページ10行

「おい、およしよ。死んでしまうよ。」

ピエロのロロがテントの陰で出番を待っているキキに近づいてきてささやきます。

「練習でも、まだ一度も成功していないんだろう？」

①陽気な団長さんまでが、心配そうにキキを止めようとします。

「だいじょうぶですよ。きっとうまくゆきます。心配しないでください。」

音楽が高らかに鳴って、キキは白鳥のようにとび出してゆきました。

テントの高い所にあるブランコまで、縄ばしごをするすると登ってゆくと、お客さんにはそれが、天に昇ってゆく白い魂《たましい》のように見えました。ブランコの上で、キキは、お客さんを見下ろして、ゆっくり右手を上げながら心の中でつぶやきました。

「見てください。四回宙返りは、この一回しかできないのです。」

②ブランコが揺れるたびに、キキは、世界全体がゆっくり揺れているように思えました。薬を口の中に入れました。

「あのおばあさんも、このテントのどこかで見ているのかな……。」

キキは、ぼんやり考えました。

しかし、次の瞬間、キキは、大きくブランコを振って、真っ暗な

(1) ――線①「陽気な団長さんまでが、心配そうにキキを止めようとします」とありますが、なぜ止めようとするのですか。

(2) 強い決意でブランコまで登っていくキキの姿は、どのように表現されていますか。文章中から十四字の部分を抜き出しなさい。

(3) ――線②「ブランコが揺れるたびに、……揺れているように思えました」とありますが、どのようなことを表していますか。次から一つ選び、記号で答えなさい。

ア キキが世界とひとつになったような感覚になっていること。

イ お客さんの歓声《かんせい》の大きさに客席が揺れているように見えること。

ウ キキがブランコの大きな揺れで目まいを感じているということ。

(4) ――線③「大きな白い鳥が滑らかに空を滑るように」とありますが、キキが四回宙返りをする様子をたとえた言葉を、このあとの文章中からそれぞれ十字以内で、五つ抜き出しなさい。

(5) ――線④「人々はみんな……肩をたたき合いました」とありますが、この人々の感動する様子を、たとえを使って表している部分を文章中から二十四字で探し、初めと終わりの五字を抜き出しなさい。

点UP

(6) ――線⑤「サーカスの大テントの……飛んでいったといいます」とありますが、「大きな鳥」をキキかもしれないとうわさする町の人々は、なぜ「悲しそうに」と言うのですか。考えて書きなさい。

天井の奥へ向かってとび出していました。

　ひどくゆっくりと、③大きな白い鳥が滑らかに空を滑るように、キキは手足を伸ばしました。それがむちのようにしなって、一回転します。また花が開くように手足が伸びて、抱き抱えるようにつぼんで……二回転。今度は水から跳び上がるお魚のように跳ねて……三回転。お客さんは、はっと息をのみました。

　しかしキキは、やっぱり緩やかに、ひょうのような手足を弾ませると、次のブランコまでたっぷり余裕を残して、四つめの宙返りをしておりました。

　人々のどよめきが、潮鳴りのように町中を揺るがして、その古い港町を久しぶりに活気づけました。④人々はみんな思わず涙を流しながら、辺りにいる人々と、肩をたたき合いました。

　でもそのとき、誰も気づかなかったのですが、キキはもうどこにもいなかったのです。お客さんがみんな満足して帰ったあと、がらんとしたテントの中を、団長さんをはじめ、サーカス中の人々が必死になって捜し回ったのですが、無駄でした。

　翌朝、⑤サーカスの大テントのてっぺんに白い大きな鳥が止まっていて、それが悲しそうに鳴きながら、海の方へと飛んでいったといいます。

　もしかしたらそれがキキだったのかもしれないと、町の人々はうわさしておりました。

別役　実「空中ブランコ乗りのキキ」〈『黒い郵便船』〉より

❷ ——線のカタカナを漢字で書きなさい。

❶ 一生ケンメイ働く。　❷ 部屋のカタスミ。
❸ 口を閉じてダマる。　❹ イッセイに走る。

❶						❷	
(1) 15点	(2) 10点	(3) 10点	(4) 各3点	(5) 〜 10点	(6) 20点	❶ ❷	❸ ❹ 各5点

成績評価の観点　思…思考・判断・表現

Step 2 漢字を身につけよう②／文法の窓1

（漢字を身につけよう②～文法の窓1）

20分

／100 目標 75点

1 ——線の漢字の読み仮名《がな》を書きなさい。

1 卑近な例を挙げる。
2 煩雑な仕事。
3 丁寧《ていねい》に陳謝する。
4 鈴のきれいな音。
5 蜜蜂を飼う。
6 タンポポの雌しべ。
7 他の追随を許さない。
8 走者を一掃する。
9 川に橋が架かる。
10 思わず天を仰ぐ。
11 うさぎが跳ねる。
12 ガラスの小瓶。
13 ボールが弾む。
14 準備を調える。
15 速やかに行動する。

1

1	5	9	13
2	6	10	14
3	7	11	15
4	8	12	

各2点

2 カタカナを漢字に直しなさい。

1 誤りのテイセイ。
2 油絵をエガく。
3 黄色のキクの花。
4 スグれた人材。
5 バンノウな薬。
6 ハクシュをおくる。
7 アミですくう。
8 スんだ湖。
9 葉が風にユれる。
10 木のカゲに隠れる。
11 飛ぶシュンカン。
12 ナメらかな表面。
13 ユルやかな坂道。
14 ヨユウがある。
15 ムダをはぶく。

2

1	5	9	13
2	6	10	14
3	7	11	15
4	8	12	

各2点

3 言葉の単位・文節の関係について、次の問いに答えなさい。

(1) 次の文の文節と単語の数を、順に算用数字で答えなさい。
① 今夜は夜空の星がきれいだ。
② 兄は、月曜日は朝六時に家を出る。

(2) 次の文の主語・述語を、順に答えなさい。
① 探していた子犬は公園で見つかった。
② 彼こそ生徒会長としてふさわしい。

(3) ――線の文節が修飾している文節を答えなさい。
① 失敗してもすぐに気持ちを立て直す。
② 小さなケーキ屋が駅の近くに開店した。

(4) 次の文の中の接続語または独立語を答えなさい。
① 午後から雨の予報だ。だから、傘《かさ》を持って行く。
② あれ、あの人は田中先生かな。よく似ている。

(5) ――線の文節の関係をあとから一つずつ選び、記号で答えなさい。
① 私が　好きな　果物は　リンゴと　キウイです。
② 野球部員が　グランウンドを　走って　いる。
③ 夏休みは　海外旅行に　行く　予定が　ある。
④ やせた　黒い　ねこが　庭の　隅に　いた。

ア 主述の関係　イ 修飾・被《ひ》修飾の関係
ウ 並立《へいりつ》の関係　エ 補助の関係

3	(1)	(2)	(3)	(4)	(5)
①	・	・			
②	・	・			
③					
④					
	完答各3点	完答各3点	各3点	各3点	各4点

テストに出る

文節……意味の上で不自然にならないまでくぎったまとまり。
単語……意味をもった最も小さな言葉のまとまり。

●文節のはたらき
主語・述語……何(誰《だれ》)が～どうする／どんなだ／何だ／ある
↓主述の関係
修飾語……他の文節を詳《くわ》しく説明する文節。
↓修飾・被修飾の関係
接続語……文と文などをつなぐはたらきをする文節。
独立語……他の文節と直接結びつかない文節。

●連文節　二つ以上の文節のまとまり。
並立の関係……文節どうしが対等に並んでいる関係。
補助の関係……上の文節に補助的な意味をそえる文節の関係。

Step 1

字のない葉書《はがき》

15分

❶ 文章を読んで、問いに答えなさい。

▼教 78ページ1行〜79ページ8行

死んだ父は筆まめな人であった。

私が女学校一年で初めて親元を離《はな》れたときも、①三日にあげず手紙をよこした。当時保険会社の支店長をしていたが、一点一画もおろそかにしない大ぶりの筆で、

②「向田邦子殿《むこうだくにこ》」

と書かれた表書きを初めて見たときは、ひどくびっくりした。父が娘《むすめ》宛《あ》ての手紙に「殿」を使うのは当然なのだが、つい四、五日前まで、

「おい邦子!」

と呼び捨てにされ、「ばかやろう!」の罵声《ばせい》やげんこつは日常のことであったから、突然の変わりように、こそばゆいような晴れがましいような気分になったのであろう。

③文面も、折りめ正しい時候の挨拶《あいさつ》に始まり、新しい東京の社宅の間取りから、庭の植木の種類まで書いてあった。文中、私を貴女《あなた》と呼び、

「貴女の学力では難しい漢字もあるが、勉強になるからまめに字引《じびき》を引くように。」

という訓戒《くんかい》も添えられていた。

ふんどし一つで家中を歩き回り、大酒を飲み、かんしゃくを起こして母や子供たちに手を上げる父の姿はどこにもなく、威厳と愛情

(1) ——線①「三日にあげず手紙をよこした」とありますが、これはどういう意味ですか。次から一つ選び、記号で答えなさい。

ア 間をおかず毎日のように手紙をくれた。

イ 三日間以上の長い間隔《かんかく》で手紙をくれた。

ウ 何日もかけて書き上げた手紙をくれた。

(　　)

(2) ——線②「『向田邦子殿』と書かれた表書き……ひどくびっくりした」について答えなさい。

❶ 「私」はなぜ「びっくりした」のですか。次の文の(　)に当てはまる言葉を、文章中から指定の字数で抜き出しなさい。(記号も字数に含む。)

家にいたときは(a 四字)にし、(b 二字)や(c 四字)を浴びせていた父が、「私」の名前に(d 三字)をつけた表書きを書いてきたから。

a □□□□

b □□

c □□□□

d □□□

❷ この表書きを見て、「私」はどのような気分になりましたか。文章中から十九字で探し、初めと終わりの五字を抜き出しなさい。

にあふれた非の打ちどころのない父親がそこにあった。
暴君ではあったが、反面てれ性《しょう》でもあった父は、他人行儀《ぎょうぎ》という形でしか十三歳の娘に手紙が書けなかったのであろう。もしかしたら、日頃気恥ずかしくて演じられない父親を、手紙の中でやってみたのかもしれない。

向田邦子殿

向田　邦子「字のない葉書」〈『眠る盃』〉より

(3) ——線③「文面」とありますが、父がよこしたこの手紙の文面から、「私」はどのような父親を感じ取りましたか。文章中から二十二字で探し、初めと終わりの五字を抜き出しなさい。

□□□□□～□□□□□

□□□□□～□□□□□

(4) 「私」は父をどのように思っていますか。次の文の（　）に当てはまる言葉を、文章中から指定の字数で抜き出しなさい。

家族に対しては（a　二字）だったが、きちょうめんで（b　三字）な性格だった。

a □□

b □□□

ヒント

(1) 「三日にあげず」は、決まった言い回し（慣用句）である。意味を確かめておこう。

(3) このあと、「文面」の内容が書かれている。時候の挨拶、社宅の間取り、庭の植木の種類、「貴女の……」という訓戒などから感じた「父親」である。

ふだんの父からは考えられないような文面だったんだね。

Step 2

字のない葉書《はがき》

20分

/100

目標 75点

1 文章を読んで、問いに答えなさい。思

▼教 80ページ3行〜81ページ6行

　*妹の出発が決まると、暗幕を垂らした暗い電灯の下で、母は当時貴重品になっていたキャラコで肌着を縫《ぬ》って名札をつけ、①父はおびただしい葉書にきちょうめんな筆で自分宛《あ》ての宛名を書いた。

「元気な日はマルを書いて、毎日一枚ずつポストに入れなさい。」

と言ってきかせた。妹は、まだ字が書けなかった。

　宛名だけ書かれたかさ高な葉書の束をリュックサックに入れ、雑《ぞう》炊《すい》用の丼《どんぶり》を抱えて、妹は遠足にでも行くようにはしゃいで出かけていった。

　②一週間ほどで、初めての葉書が着いた。紙いっぱいはみ出すほどの、威勢のいい赤鉛筆の大マルである。付き添っていった人の話では、地元婦人会が赤飯やぼた餅《もち》をふるまって歓迎《かんげい》してくださったとかで、かぼちゃの茎まで食べていた東京に比べれば大マルにちがいなかった。

　ところが、次の日からマルは急激に小さくなっていった。情けない黒鉛筆の小マルはついにバツに変わった。その頃、少し離《はな》れた所に疎開していた上の妹が、下の妹に会いに行った。

　下の妹は、校舎の壁《かべ》に寄り掛《か》かって梅干しの種をしゃぶっていたが、姉の姿を見ると種をぺっと吐《は》き出して泣いたそうな。

　③まもなくバツの葉書も来なくなった。三月めに母が迎《むか》えに行った

(1) ——線①「父はおびただしい葉書にきちょうめんな筆で自分宛ての宛名を書いた」とありますが、どのような気持ちからそうしたのですか。次から一つ選び、記号で答えなさい。

ア 幼い娘《むすめ》に葉書で自分の様子を知らせるという方法を教えたいという気持ち。

イ まだ字の書けない幼い娘の様子を、葉書によってなんとか知りたいという気持ち。

ウ この機会に葉書を書くことで、幼い娘に字を覚えてほしいという気持ち。

(2) 疎開に出かけていくときの妹は、どのような気持ちでしたか。それがわかる十五字の言葉を文章中から抜き出しなさい。

(3) ——線②「一週間ほどで、初めての葉書が着いた」とありますが、妹からの葉書はどのように変化していきましたか。葉書に書いてあったものを文章中から三つ、順に十字以内で抜き出しなさい。

(4) ——線③「まもなくバツの葉書も来なくなった」とありますが、このことから妹のどのような様子がわかりますか。

点UP

(5) ——線④「小さいのに手をつけると叱る父も、この日は何も言わなかった」とありますが、父はなぜ叱らなかったのですか。

(6) ——線⑤「二十数個のかぼちゃを一列に客間に並べた」とありますが、「私」と「弟」は、なぜそのようにしたのですか。

とき、百日ぜきを患《わずら》っていた妹は、しらみだらけの頭で三畳の布団《ふとん》部屋に寝かされていたという。

妹が帰ってくる日、私と弟は家庭菜園のかぼちゃを全部収穫した。④小さいのに手をつけると叱《しか》る父も、この日は何も言わなかった。私と弟は、一抱えもある大物からてのひらに載《の》るうらなりまで、⑤二十数個のかぼちゃを一列に客間に並べた。これくらいしか妹を喜ばせる方法がなかったのだ。

（注）妹の出発…終戦の年の四月、小学校一年の末の妹が学童疎開をすることになった。

向田　邦子「字のない葉書」〈『眠る盃』〉より

❷ ――線のカタカナを漢字で書きなさい。

❶ 「〇〇ドノ」の宛名。

❷ 祖父はイゲンがある。

❸ 七サイの妹がいる。

❹ 敵がゼンメツする。

❶						❷	
(1)	(2)	(3)	(4)	(5)	(6)	❶	❸
						❷	❹
10点	10点	各5点	15点	20点	10点		各5点

成績評価の観点　思…思考・判断・表現

Step 2

漢字のしくみ2／漢字を身につけよう③

（字のない葉書《はがき》～漢字を身につけよう③）

20分

/100
目標 75点

1 ―線の漢字の読み仮名《がな》を書きなさい。

① 田舎《いなか》に疎開する。
② 三畳の部屋。
③ 先生を慕う。
④ 関係が破綻する。
⑤ 任務を遂行する。
⑥ 漆黒の闇《やみ》が広がる。
⑦ 明るい雰囲気。
⑧ 比喩の表現。
⑨ 物語を叙述する。
⑩ 虚偽の証言。
⑪ 返事を催促する。
⑫ 健闘をたたえる。
⑬ 親睦会を行う。
⑭ スピードで勝る。
⑮ 夏至の日。

1

①	⑤	⑨	⑬
②	⑥	⑩	⑭
③	⑦	⑪	⑮
④	⑧	⑫	

各2点

2 カタカナを漢字に直しなさい。

① 言葉をソえる。
② ハダギを洗う。
③ 赤エンピツで書く。
④ 植物の葉とクキ。
⑤ 十時にネる。
⑥ シュウカクする。
⑦ エラい先生。
⑧ ムカえに行く。
⑨ ボン踊りの輪。
⑩ コンキョを示す。
⑪ アテナを書く。
⑫ ジュウドウ部に入る。
⑬ ナゾを解く。
⑭ ナットクする。
⑮ スアシになる。

2

①	⑤	⑨	⑬
②	⑥	⑩	⑭
③	⑦	⑪	⑮
④	⑧	⑫	

各2点

3 漢字のしくみと成り立ちについて、次の問いに答えなさい。

(1) 次の漢字の部首名を書きなさい。またその部首の意味をあとから一つずつ選び、記号で書きなさい。

❶ 宝　❷ 脳　❸ 痛　❹ 郷　❺ 熱

ア 病気に関するもの。　イ 人の住む地域に関するもの。
ウ 屋根・家に関するもの。　エ 囲む・囲いに関するもの。
オ 体の名前・作用に関するもの。　カ 火の性質・作用に関するもの。

(2) 次の漢字の部首は、それぞれ同じ漢字がもとになったものです。部首が表す意味をあとから一つずつ選び、記号で答えなさい。

❶ 慣・想　❷ 利・切　❸ 裏・複　❹ 波・泉

ア 衣服に関するもの。　イ 刃物《はもの》に関するもの。
ウ 気持ちに関するもの。　エ 水に関するもの。

(3) 次の漢字の成り立ちをあとから一つずつ選び、記号で答えなさい。

❶ 頂　❷ 羊　❸ 岩　❹ 末

ア 象形文字　イ 指事文字
ウ 会意文字　エ 形声文字

3 (1)		
❶		❷
❸		❹
❺		各2点

3	(2)	(3)
❶		
❷		
❸		
❹		
	各2点	各3点

テストに出る

● 部首

へん …… 例 亻 にんべん・糸 いとへん・氵 さんずい
つくり …… 例 力 ちから・刂 りっとう
かんむり …… 例 艹 くさかんむり・冖 わかんむり
あし …… 例 灬 れっか(れんが)・心 こころ
たれ …… 例 广 まだれ・疒 やまいだれ
にょう …… 例 辶 しんにょう・走 そうにょう
かまえ …… 例 門 もんがまえ・囗 くにがまえ

● 漢字の成り立ち

象形文字 …… 物の形がもとになっている。 例 木・川
指事文字 …… 抽象《ちゅうしょう》的な事柄《ことがら》を図形のように表す。 例 上・本
会意文字 …… 二つ以上の文字を組み合わせて作る。 例 休・信
形声文字 …… 意味を表す部分と、音を表す部分を組み合わせる。 例 時・清

Step 1

玄関扉

15分

❶ 文章を読んで、問いに答えなさい。

▼教 96ページ1行～97ページ18行

日本の住宅のドア、特に①玄関のドアのあり方は、欧米とかなり違っている。日本の玄関のドアはたいてい外に開くのに対し、欧米では例外なくといっていいほど内側に開くのである。

外開きか内開きかということになると、②客を迎える際にはどうも内開きのほうがぐあいがよさそうだ。外に開くドアは、ドアの開かれるのを待っている客を押しのけることになる。それに比べると内開きのドアは、ちょうど「いらっしゃいませ。」とでもいうように、客を招き入れるように開くからはるかに感じがよい。

それなのに、③なぜ日本の玄関のドアは外に開くのか。その理由は明快で、日本人は玄関で履き物を脱ぐからだ。もし、ドアが内側へ開くと、脱いである履き物に引っかかりやすい。もちろん広さにゆとりがあって、きちんと整理されている玄関なら、何も問題はなかろうが、現在の一般的な住宅の規模では、引っかかるおそれが多い。もう一つの理由として、玄関土間の水洗いの問題も絡《から》んでくる。玄関に流した水をスムーズに排出するためには、ドアの方向に向かって、土間に水勾配《みずこうばい》をとるのが最も常識的な方法である。こうすると土間は奥のほうが少し高くなるので、ぴったりと閉まっているドアが内側へ開いていくと、ドアの下端《かたん》が土間の高い部分をこすることになる。④この難点を避けるためには、ドアの下に、土間の床の高さ

(1) ――線①「玄関のドアのあり方は、欧米とかなり違っている」とありますが、日本と欧米でどのように違うのですか。

日本（　　　）

欧米（　　　）

(2) ――線②「客を迎える……ぐあいがよさそうだ」とありますが、なぜそう考えるのですか。次から一つ選び、記号で答えなさい。

ア ドアが開くのを待っている客を押しのけることになるから。

イ 欧米の人のほうが日本人より家に客を招くことが多いから。

ウ まるで客を招き入れるかのような開き方をするから。

（　　　）

(3) ――線③「なぜ日本の玄関のドアは外に開くのか」とありますが、この疑問に対する答えを筆者は二つ挙げています。次の文の（　）に当てはまる言葉を、文章中から指定の字数で抜き出しなさい。

・玄関で（a　三字）を（b　二字）習慣があるから。

・玄関土間を（c　三字）するため（d　三字）をとるから。

a □□□

b □□

の変化に応じた隙間《すきま》をつくっておくほかないが、そうすれば隙間風やほこりが入ってくる。

　これに比べると、外開きのドアは技術的処理がずっと楽である。子供が脱ぎ散らかした履き物に、ドアが引っかかる心配をしなくてすむし、ドアに向かって水勾配をとれば水はスムーズに流れだす。土間の勾配を考えてドアの下に隙間をつくる必要がないばかりでなく、土間とドアの外のポーチの間に僅《わず》かの段差をつけて、戸当たりを兼《か》ねさせると、風が吹けば風圧でドアが戸当たりにぴったり押しつけられることになるから、隙間風やほこりも効果的にシャットアウトできる。つまり、玄関ドアの外開きは「履き物を脱ぐ。」「土間を水洗いしたい。」「隙間風を嫌う。」という⑤日本人の生活様式に適した、現実的な解決ということになろう。

渡辺　武信「玄関扉」〈『住まい方の演出』を書き改めたもの〉より

c

d

(4)　――線④「この難点」とありますが、どのような難点ですか。次から一つ選び、記号で答えなさい。

ア　外で待っている客を押しのけること。
イ　ドアが脱いである履き物に引っかかりやすいこと。
ウ　ドアの下端が土間の高い部分をこすること。

(　　)

(5)　――線⑤「日本人の生活様式に適した、現実的な解決」とありますが、外開きのドアは、どのように日本人の生活様式に適しているのですか。次の三点について簡潔に答えなさい。

履き物 (　　)

土間の水洗い (　　)

隙間風 (　　)

ヒント

(1)　――線部のすぐあとに注目しよう。「日本の玄関のドアは……、欧米では……」とある。

(4)　「難点」とは、処理するのが難しいところ。水勾配をとるため土間の奥のほうを高くすると、内開きのドアの場合、開いていくとどうなると述べられているか。

Step 2

玄関扉

20分 ／100 目標 75点

❶ 文章を読んで、問いに答えなさい。 思

▼教99ページ1行～100ページ12行

内開きのドアは外来者に対して「いらっしゃいませ。」と開くばかりでなく、ときには外来者を敵として頑固に拒みもするのだ。つまり、欧米人が内開きを選択《せんたく》したのは外敵の侵入を防ぐため、ともいえる。それは家を厚い壁で囲い、都市に市壁をめぐらして自分の領域を明確に示し、敵対的な存在を厳しく締め出そうとする①ヨーロッパ的な考え方を反映しているのだろう。

一方、日本はどうかというと、古来、ドア形式が全くなかったわけではないが、圧倒的《あっとうてき》に多かったのは②引き戸である。相対する者のどちらの位置も侵さず、横に軽やかに滑って視界から消える、という引き戸の特徴は、自然に対しても近隣の人々に対しても親和的、融合的な日本人の態度にいかにもふさわしいといえよう。

ドアについては内開き、外開きのどちらが日本的だともいいがたい。けれど、日本でドアが一般化した現在の状況《じょうきょう》を前提にして改めて考えてみると、履き物や水はけの問題を別にしても、ドアはどちらかといえば外に開くほうが日本の生活習慣に適しているのではないか、と思えてくる。

③自分自身が他人の家を訪問し、玄関の前にいるときのことを思い起こすと、僕《ぼく》は、ごく自然に玄関口からかなり離《はな》れて、ドアが開かれるのを待っている。これは引き戸であっても同じである。つまり、

(1) ――線①「ヨーロッパ的な考え方を反映している」とありますが、どのような考え方ですか。次から一つ選び、記号で答えなさい。

ア 外来者を迎え入れて、友好を深めようとする考え方。
イ 敵を攻撃《こうげき》し、自分の領域を広げていこうとする考え方。
ウ 自分と敵対者との境界線を厳密に決めようとする考え方。

(2) ――線②「引き戸」について答えなさい。

❶ 「引き戸」の特徴を、文章中の言葉を使って答えなさい。

❷ 日本人のどのような態度が反映されていますか。文章中の言葉を使って答えなさい。

(3) ――線③「自分自身が他人の家を訪問し、玄関の前にいるとき」について答えなさい。

❶ そのとき筆者はどのようにしていますか。文章中から二十六字で探し、初めと終わりの五字を抜き出しなさい。

❷ ❶のようにするのはなぜですか。

点UP

(4) ――線④「〝おじぎ〟の動作に必要とされる距離」とありますが、この距離と、日本で外開きのドアが定着していったこととの関連を、筆者はどのように考えていますか。

(5) ――線⑤「欧米人の〝挨拶距離〟」とありますが、これは何のための距離ですか。

戸口から距離《きょり》をとるのは、必ずしも外へ開いてくるドアを避けようとするからではないようだ。それは、相手が出てきたら〝おじぎ〟をするために、無意識のうちに必要な間隔《かんかく》をとっているからではないか。これに対して欧米人の〝握手〟は、〝おじぎ〟よりも相手に近づく必要があるから、その心がまえで戸口に立っていて、ドアが外に開いてくると、慌てて身を避けることになろう。しかし、日本人の場合は④〝おじぎ〟の動作に必要とされる距離がたまたま、普通のドアが外へ開いてくる軌跡の外にあるので、外開きでも大したトラブルが起こらずにすみ、外開き形式はそのことにも助けられてますます定着していったのだと考えられる。つまり、外開きの場合にドアが客を押しのけるというのは⑤欧米人の〝挨拶距離〟を基準とした解釈で、日本人は外開きのドアの外に立っていても、押しのけられる、とは感じていないのではないだろうか。

渡辺　武信「玄関扉」〈『住まい方の演出』を書き改めたもの〉より

2 ――線のカタカナを漢字で書きなさい。

1 モップでユカをふく。
2 ガスをハイシュツする。
3 紫外線《しがい》をキラう。
4 トダナにしまう。

1								2	
(1)	(2) 1	(2) 2	(3) 1	(3) 2	(4)		(5)	1	3
			〜					2	4
10点	各10点		各10点		20点		10点	各5点	

成績評価の観点　思…思考・判断・表現

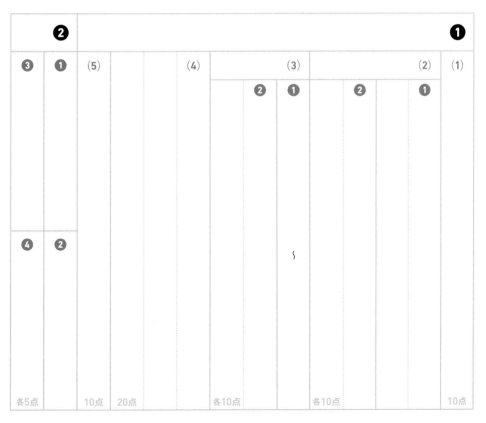

Step 2

言葉発見③／漢字を身につけよう④

(玄関扉～漢字を身につけよう④)

20分

/100

目標 75点

1

――線の漢字の読み仮名《がな》を書きなさい。

1 欧米の国々。
2 シャツを脱ぐ。
3 勝利への執念。
4 住居侵入
5 頑固な祖父。
6 軽やかな足どり。
7 慌てて転ぶ。
8 連携を密にとる。
9 試合に惜敗する。
10 均衡を保つ。
11 「拝啓」と書く。
12 恐怖にふるえる。
13 特殊な器具。
14 特例の措置。
15 顕微鏡をのぞく。

1	5	9	13
2	6	10	14
3	7	11	15
4	8	12	

各2点

2

カタカナを漢字に直しなさい。

1 ゲンカントビラ
2 くつをハく。
3 混雑をサける。
4 異なるカイシャク。
5 侵入をコバむ。
6 カベ際《ぎわ》に座る。
7 家からシめ出す。
8 トクチョウ的な声。
9 キンリンの住民。
10 キョ離《り》をとる。
11 アクシュをする。
12 朝のアイサツ。
13 オウエンする。
14 ジュンスイな心。
15 サイボウの分裂《ぶんれつ》。

1	5	9	13
2	6	10	14
3	7	11	15
4	8	12	

各2点

❸ 接続する語句と指示する語句について、次の問いに答えなさい。

(1) 次の文のあとに❶～❺の文を続けるとき、（　）に当てはまる語句をあとから一つずつ選び、記号で答えなさい。

私は絵を描くことが好きだ。

❶ （　　）、絵を描く時間がとれない。
❷ （　　）、今度はなんの絵を描こうか。
❸ （　　）、将来はイラストレーターになりたい。
❹ （　　）、絵を描くのは楽しいからだ。
❺ （　　）、お話を作ることも好きだ。

ア　だから　イ　だが　ウ　また　エ　なぜなら　オ　さて

(2) ――線の言葉が指している内容を答えなさい。

❶ 旅行先で家族写真をとった。それを部屋に飾ってある。
❷ ドアの前に気配がしたので、「そこに誰かいるの。」と聞いた。
❸ 朝、祖母が傘《かさ》を手に、「これを持っていきなさい。」と言う。
❹ 遠くに大きな白い家が見える。あれは有名な作家の家だ。
❺ 去年の大会で優勝した。あのときの感動は忘れられない。

❸

(1)	❶	❷	❸	
	❹	❺		各3点
(2)	❶	❷		
	❸	❹		
	❺			各3点

❹ ――線の漢字の読み仮名を書きなさい。

❶ 映画を見て号泣した。　❷ 丁重に礼を言う。
❸ 寺の境内に入る。　❹ 「今昔物語集」を読む。
❺ 朗らかな笑い声。

❹

❶	❷	❸
❹	❺	各2点

テストに出る

● **接続する語句**　文と文、文節と文節をつなぐ。

順接 …… 前の内容があとの内容の原因・理由になる。
逆接 …… あとの内容が前の内容と逆になる。
並立《へいりつ》・累加《るいか》 …… 前の内容にあとの内容を並べる・つけ加える。
説明・補足 …… 前の内容を、あとでまとめる・補う。
対比・選択《せんたく》 …… 前の内容とあとの内容を比べる・比べ選ぶ。
転換 …… 前の内容から話題を変える。

● **指示する語句**　指し示す言葉。「こそあど言葉」。

近称《きんしょう》（これ・こちら…）　中称（そこ・その…）
遠称（ああ・あっち…）　不定称（どれ・どの…）

Step 1

月を思う心／竹取物語／古文の読み方

15分

1 文章を読んで、問いに答えなさい。 ▼㊍114ページ4行～115ページ8行

月月に①月見る②月は多けれど③月見る④月はこの月の月

月ごとに月を見て楽しむ月は多いけれど、名月として見る月といえば今月の月だね。

現在と違って、昔は、⑤月の満ち欠けに合わせた暦《こよみ》を使っていました。新月になる日を月の始まりと考え、各月の一日としました。⑥一月、二月、三月という名前以外にも、各月には呼び名（異名《いみょう》）があります。例えば、一月は「睦月《むつき》」。親類一同集まって睦《むつ》み合う月ということが由来とされます。二月は「如月《きさらぎ》」。まだ寒さが残り、衣《ころも》を更《さら》に着る月という意味の「衣更着《きさらぎ》」からそう呼ばれるようになりました。いずれも、昔の人々の季節感や生活習慣などをもとに名づけられたものです。

昔の人が使っていた暦（旧暦《きゅうれき》）は、現在の暦とは、一か月ほど後ろにずれています。季節は、春を一月から三月、夏を四月から六月、秋を七月から九月、冬を十月から十二月と分けていました。古典の文章は、⑦そのような季節分けに基づいて書かれています。

「月を思う心」より

(1) 「月月に」の歌は、昔から伝わる歌です。――線①～④の「月」は、それぞれ次のどちらの意味で用いられていますか。現代語訳を参考にして、記号で答えなさい。

ア 空に浮かぶ「月」。　イ 一月《いちがつ》、二月《にがつ》というときの「月」。

①（　）②（　）③（　）④（　）

(2) ――線⑤「月の満ち欠けに合わせた暦」とありますが、このような暦を何と呼びますか。文章中から漢字二字で抜き出しなさい。

(3) ――線⑥「一月」の異名は、どのような由来から名づけられましたか。文章中から十三字で抜き出しなさい。

(4) ――線⑦「そのような季節分け」とありますが、この季節分けとして適切でないものを次から一つ選び、記号で答えなさい。

ア 昔の人が使っていた暦をもとにしている。

イ 現在の暦より一か月ほど後ろにずれている。

ウ 二月から四月までが春となっている。

（　）

2 文章を読んで、問いに答えなさい。

▼教117ページ上1行～8行・下1行～11行

今は昔、①竹取の翁《おきな》とaいふ者ありけり。
野山にまじりて竹を取りつつ、②よろづのことにb使ひけり。
名をば、さぬきの造《みやつこ》となむいひける。
その竹の中に、もと光る竹なむ一筋ありける。
あやしがりて、寄りて見るに、筒の中光りたり。
それを見れば、三寸ばかりなる人、いとcうつくしうてdゐたり。

【現代語訳】

今となっては昔のことだが、竹取の翁という者がいた。
野山に分け入って竹を取っては、いろいろなことに使っていた。
名は、さぬきの造といった。
その竹の中に、根もとの光る竹が一本あった。
不思議に思って、近寄って見ると、筒の中が光っている。
それを見ると、三寸ほどの大きさの人が、たいそうかわいらしい様子で座っている。

「竹取物語」より

(1) ‖線a「いふ」、b「使ひけり」、c「うつくしうて」、d「ゐたり」を現代の仮名《かな》遣いで、全て平仮名で書きなさい。

a（　　） b（　　）
c（　　） d（　　）

(2) ―線①「竹取の翁」の名前を文章中から抜き出しなさい。

（　　）

(3) ―線②「よろづのこと」とはどのようなことですか。現代語訳の中から抜き出しなさい。

（　　）

ヒント

(1) 古文は現代の仮名遣いとは違う「歴史的仮名遣い」（古典仮名遣い）で書かれている。
a語頭以外の「は・ひ・ふ・へ・ほ」→「わ・い・う・え・お」
b「イ段＋う・ふ」→「イ段＋ゅう」
c「ゐ・ゑ・を」→「い・え・お」

Step 2

竹取物語／古文の読み方

20分

/100
目標 75点

1 文章を読んで、問いに答えなさい。思

▼教 120ページ15行～122ページ5行・下1行～6行

四

八月十五日、帝《みかど》は二千人の兵を翁《おきな》の家に派遣した。兵士は、「こうもり一匹でも飛んだら射落としてやる。」と、血気盛んだ。嫗《おうな》は塗籠《ぬりごめ》の中で姫を抱き、翁は錠を下ろしてその前に座る。

夜十二時頃、辺りが急に昼のような明るさになった。

大空より、①人、雲に乗りて下《お》りきて、土より五尺ばかり上がりたるほどに立ち連ねたり。内外《うちと》なる②人の心ども、物にaおそはれたるやうにて、b③あひ戦はむ心もなかりけり。

【現代語訳】

大空から、人が雲に乗って下りてきて、地面から五尺ほどの宙に立ち並んでいる。

家の内と外にいた人々は、物《もの》の怪《け》に取りつかれたようで、戦おうという気持ちは失《う》せてしまった。

やっと気を取り直して、弓矢を取ろうとしても、手に力が入らず、ぐったりとしてしまう。気丈《きじょう》な者が力をこめて矢を射ようとするが、

(1) ‖線a「おそはれたるやう」、b「あひ戦はむ」を現代の仮《か》名《な》遣いに直し、全て平仮名で書きなさい。

(2) ——線①・②「人」とありますが、それぞれ誰のことですか。次から当てはまるものを全て選び、記号で答えなさい。

ア 帝　イ かぐや姫　ウ 天人　エ 兵士　オ 翁と嫗

(3) ——線③「あひ戦はむ心もなかりけり」とありますが、なぜそのような状態になったのですか。次から一つ選び、記号で答えなさい。

ア 天人たちを見て、物の怪に取りつかれたようになったから。
イ どうにかしてかぐや姫を守ろうと、必死になっていたから。
ウ 天人たちの攻撃《こうげき》を受けて、全く歯がたたなかったから。

(4) ——線④「それ」とありますが、何のことですか。文章中から三字の言葉を抜き出しなさい。

(5) ——線⑤「心をいため」とありますが、かぐや姫が心をいためていることがわかる表現を、これよりあとの古文の中から十六字で抜き出しなさい。

(6) ——線⑥「本意なく」、⑦「見たまへ」の意味を、現代語訳から抜き出しなさい。

点UP

(7) ——線⑧「空よりも落ちぬべき心地する」とありますが、かぐや姫は、なぜこのような気持ちになっているのですか。

見当違いの方向に飛んでしまう。誰も彼も心はうつろになって、天《てん》人《にん》の一行を見守るばかり。

天人たちはすばらしい衣装《いしょう》を着て、飛ぶ車を一つ伴っていた。④それを屋根の上に寄せて、家に向かって姫を呼ぶと、戸も格子《こうし》も自然に開き、姫は外に出てしまうのだった。

五

心乱れ泣き伏《ふ》す翁と嫗に姫は⑤心をいため、手紙を書き置いた。

過ぎ別れぬること、返す返す⑥本意《ほい》なくこそおぼえはべれ。脱ぎ置く衣《きぬ》を⑦形見と見たまへ。

月のいでたらむ夜は、見おこせたまへ。見捨てたてまつりてまかる、⑧空よりも落ちぬべき心地《ここち》する。

【現代語訳】

時が過ぎ別れてしまうことは、返す返す残念に存じます。脱ぎ置く着物を私の形見と思ってご覧ください。

月が出た夜は見てください。お見捨て申しあげていく私も、空から落ちてしまいそうな気がするのです。

「竹取物語」より

❷ ——線のカタカナを漢字で書きなさい。

❶ 老舗《しにせ》の旅館をツぐ。
❷ 敗戦をナゲく。
❸ 殿にケンジョウする。
❹ 理由をタズねる。

❶			
(1)	a		各5点
	b		
(2)	①		各完答5点
	②		
(3)			10点
(4)			10点
(5)			10点
(6)	⑥		各5点
	⑦		
(7)			20点

❷		
❶		各5点
❷		
❸		
❹		

成績評価の観点 思…思考・判断・表現

Step 1

故事成語――矛盾／漢文の読み方

15分

1 文章を読んで、問いに答えなさい。

▼㊎132ページ4行〜134ページ5行

楚人《そひと》に盾《たて》と矛《ほこ》とをひさぐ者あり。
これを誉《ほ》めて①いはく、
「わが盾の堅きこと、②よくとほすなきなり。」と。
また、その矛を誉めていはく、
「わが矛の利《り》なること、③物においてとほさざるなきなり。」と。
ある人いはく、
「④子《し》の矛をもつて、子の盾をとほさば、いかん。」と。
その人こたふることあたはざるなり。

『韓非子《かんぴし》』

【現代語訳】
楚の人で、盾と矛とを売っている者がいた。
その盾を自慢して言うには、
「私の盾の堅いことといったら、突き通すことのできるものはない。」と。
更に、その矛を自慢して言うには、
「私の矛の鋭いことといったら、どんなものでも突き通さないものはない。」と。
ある人が（尋ねて）言うには、

(1) ――線①「いはく」を現代の仮名遣《かな》いに直して書きなさい。

（　　　）

(2) ――線②「よくとほすなきなり」、――線③「物においてとほさざるなきなり」の意味を次から一つずつ選び、記号で答えなさい。

ア 何でも突き通す。
イ 突き通さないものもある。
ウ 何も突き通せない。
エ 突き通したりしない。

②（　　　）　③（　　　）

(3) ――線④「子」とありますが、誰のことを指していますか。書き下《くだ》し文の中から九字で抜き出しなさい。

□□□□□□□□□

(4) ――線⑤「その人は答えることができなかった」とありますが、それはなぜですか。次から一つ選び、記号で答えなさい。

ア 自分の盾と矛をけなされて気分を害したから。
イ 自分の言ったことのおかしさに気づいたから。
ウ 相手が盾も矛も買う気がないとわかったから。

（　　　）

「あなたの矛で、あなたの盾を突いたら、どうなるか。」と。
⑤その人は答えることができなかった。

このように、「矛盾」という言葉は、「矛」の説明と「盾」の説明とが同時に成り立たないことから、「物事のつじつまが合わないこと」を表すようになりました。

「矛盾」の他にも、私たちが日常よく使っている故事成語に、「⑥推《すい》敲《こう》」「⑦蛇足《だそく》」「⑧五十歩百歩」「⑨背水《はいすい》の陣《じん》」などがあります。二千年以上も昔の中国の話から生まれた言葉が、私たちの言葉の生活を豊かにしているのです。

「故事成語——矛盾」より

---

(5) ——線⑥「推敲」、⑦「蛇足」、⑧「五十歩百歩」、⑨「背水の陣」は、それぞれどういう意味ですか。次から一つずつ選び、記号で答えなさい。

ア 本質的には大差がないこと。
イ 必要のない付け足し。
ウ 一歩も引けない状況《じょうきょう》で、全力で事にあたること。
エ 文章の字句や表現を練り直すこと。

⑥（　）⑦（　）⑧（　）⑨（　）

(6) 漢文の読み方について説明した次の文の（　）に当てはまる言葉を、あとから一つずつ選び、記号で答えなさい。

漢文を日本語として読むことを（ a ）といい、日本語の「て・に・を・は」などを添える（ b ）や、読む漢字の順序を表す記号である（ c ）を漢字に付ける。（b）・（c）と句読点をまとめて（ d ）という。（d）を付けた文章は（a）文、付けない漢字だけの文章を（ e ）という。

ア 白文《はくぶん》　イ 返り点　ウ 訓点　エ 訓読《くんどく》
オ 書き下し　カ 送り仮名

a（　）b（　）c（　）d（　）e（　）

ヒント

(3) 矛と盾を自慢している人である。
(4) 『矛』の説明と『盾』の説明とが同時に成り立たない」に注目しよう。

Step 2

漢字のしくみ3
（月を思う心～漢字のしくみ3）

20分

/100
目標 75点

1 ――線の漢字の読み仮名《がな》を書きなさい。

1 錠をかける。
2 弟子《でし》を伴う。
3 話が矛盾する。
4 堅い木の幹。
5 更に追加する。
6 雪の結晶。
7 是非を問う。
8 即興で作曲する。
9 垣根をつくる。
10 山裾の村に住む。
11 建坪が広い家。
12 覆面をかぶる。
13 誤りを指摘する。
14 伝統芸能の継承。
15 尋問を受ける。

1			
1	5	9	13
2	6	10	14
3	7	11	15
4	8	12	

各2点

2 カタカナを漢字に直しなさい。

1 金属のツツ。
2 使者をツカわす。
3 長いクロカミ。
4 荷物をタクす。
5 息をハく。
6 ケムリが上がる。
7 弟にジマンする。
8 スルドい視点。
9 カンゲイ会を開く。
10 モギ試験を受ける。
11 左右タイショウ
12 焼きイモを食べる。
13 スギの板。
14 スイテキが落ちる。
15 ピアノのバンソウ。

2			
1	5	9	13
2	6	10	14
3	7	11	15
4	8	12	

各2点

3 漢字の音読みと訓読みについて、次の問いに答えなさい。

(1) ――線の漢字の読み方を、音読みはカタカナで、訓読みは平仮名で書きなさい。

1 正直に話す。（直）
2 油絵を描く。（絵）
3 光が降り注ぐ。（光）
4 素足になる。（素）
5 細かい規則。（細）

(2) ――線の音読みに当てはまる漢字を、下の〔　〕から一つずつ選んで書きなさい。

1 乗り越し運賃をセイ算する。〔精　晴　清〕
2 自然カン察教室に参加する。〔環　観　感〕
3 フク雑な問題がからみ合う。〔腹　複　復〕
4 金メダルに匹テキする記録だ。〔適　敵　的〕

(3) ――線の訓読みに当てはまる漢字を書きなさい。

1 ハヤく夏休みが来てほしい。
2 とてもハヤく走る新幹線。

3 習い事の月謝をオサめる。
4 苦労して医学をオサめる。
5 新しい仕事で成功をオサめる。
6 国を平和にオサめる。

3

(1)		(2)		(3)	
1	4	1	4	1	4
2	5	2		2	5
3		3		3	6
各2点		各3点		各3点	

テストに出る

●音読み・訓読み　漢字の読み方には音と訓がある。

音読み　中国での漢字の発音をもとにした読み方。
訓読み　日本にもともとある言葉をあてた読み方。

例 上　音　ジョウ
　　　訓　うえ・うわ・かみ・あ-げる・のぼ-る

同音異字　同じ音読みをもち、意味が異なる漢字。
例 ケン…検査・危険

同訓異字　同じ訓読みをもち、意味が異なる漢字。
例 あたた-かい…温かい・暖かい

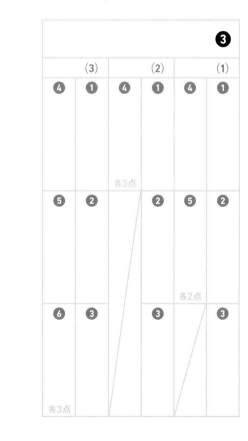

Step 1

「みんなでいるから大丈夫」の怖さ

15分

1 文章を読んで、問いに答えなさい。

▼教 147ページ13行〜148ページ19行

　食堂にいた学生は、その間三分くらい、ほとんど動かなかった。ようやく通路に煙が充満しているのを見つけた学生が、扉を開けて様子を見る仕草をし、食堂に向かって何か叫《さけ》んだ。①その声で学生たちは初めて立ち上がった。しかし通路には煙が充満している。②みんなそれを見て何か言い合っているが、なかなか避難しようとしない。その後、数人が食堂のドアから煙の中にとび出していき、残った者は食堂の裏口から避難した。

　*実験を集計すると、以下のとおりだった。

　火災報知器が鳴った時点で行動を起こしたのは、部屋に一人でいた五人全員と、部屋に二人でいた一組の計七人。煙を見てから避難した人は、部屋に二人でいた学生の計六人だった。食堂にいた学生が避難を開始したのは、火災報知器が鳴ってから三分経過してからであった。つまり、③部屋に一人でいた場合は、全員が火災報知器が鳴ってからすぐドアを開けて何か起きていないか確認行動を起こしている。しかし、部屋に二人でいた学生は、一組だけが行動を起こし、他の部屋に二人でいた計六人は、火災報知器が鳴ってもなんの行動も起こさず煙に気づいてから行動を起こしているのである。食堂にいた学生に至っては、三分の間、なんの行動も起こさなかった。

　避難が遅れた、部屋に二人でいた学生に聞くと、「たぶん誤報か

(1) ——線①「その声」とありますが、誰の声ですか。文章中から十九字で探し、初めと終わりの五字を抜き出しなさい。

□□□□□ 〜 □□□□□

(2) ——線②「みんなそれを……しようとしない」とありますが、食堂にいた学生たちは、なぜすぐに避難しようとしなかったのですか。次から一つ選び、記号で答えなさい。

ア 本当に火事が起きたとは思っていなかったうえに、周囲の人も避難していないのだからする必要がないと思ったから。

イ 食堂の中まで煙が入ってきてはいないのだから、通路に出るより食堂にとどまっていたほうが安全だと思ったから。

ウ 一人が煙を見て叫んだだけでは煙が充満している確信が持てず、より確かな情報が得られるのを待つことにしたから。

（　　）

(3) ——線③「部屋に一人で……起こしている」とありますが、なぜこのような行動になったと考えられますか。文章中からそれについて述べた一文を探し、初めの五字を抜き出しなさい。

□□□□□

点検だと思っていた。まさか火災とは思わなかった。」がほとんどだった。これは食堂にいた学生たちも同じような答えだったが、「みんないるから大丈夫だと思った。」という言葉がつけ加えられていた。

「災害時、みんなでいれば怖くない」に陥《おちい》る心理

緊急時、人間は一人でいるときは「何が起きたのか」とすぐ自分の判断で行動を起こす。しかし、複数の人間がいると「みんなでいるから」という安心感で、緊急行動が遅れる傾向にある。これを「集団同調性バイアス」と呼ぶ。先の実験の食堂のように人間の数が多いと、さらに④その傾向が強くなる。集団でいると、自分だけが他の人と違う行動をとりにくくなる。⑤お互いが無意識にけん制し合い、他者の動きに左右される。自分個人より集団に過大評価を加えていることが読み取れる。結果として逃げるタイミングを失うことにもなりかねない。まるで、「災害時、みんなでいれば怖くない。」である。

（注）実験…大学の学生寮《りょう》で予告なく火災報知器を鳴らし、その三十秒後には発煙筒をたいて、計三十二人の学生の避難行動を観察する実験。

山村　武彦「「みんなでいるから大丈夫」の怖さ」
〈『新・人は皆《みな》「自分だけは死なない」と思っている』〉より

(4) ――線④「その傾向」とありますが、どのような傾向のことですか。次から一つ選び、記号で答えなさい。

ア　自分で判断することが難しいので、一人でいる人も緊急時には誰か他の人を探す傾向。

イ　学生寮の食堂のような広い場所には、常に多くの人がいて集団を作るという傾向。

ウ　緊急時に複数の人間でいると、一緒にいる安心感から避難が遅れるという傾向。

（　　　）

(5) ――線⑤「お互いが無意識にけん制し合い、他者の動きに左右される」とありますが、このことはどのような結果になる可能性がありますか。文章中から十一字で抜き出しなさい。

□□□□□□□□□□□

ヒント

(1) 直前に「食堂に向かって何か叫んだ」とあるので、この「叫んだ」学生の声である。その学生については更に前の部分で説明されている。

(5) このあとに説明されている。「結果として……なりかねない」とある部分に注目しよう。

実験の結果から、どのようなことを導き出しているかとらえよう。

Step 2

漢字を身につけよう⑤／文法の窓2

（漢字を身につけよう⑤～文法の窓2）

20分

／100

目標 75点

1 ――線の漢字の読み仮名《がな》を書きなさい。

1 ビタミンを摂取する。
2 選択肢から選ぶ。
3 回転の軸。
4 木々を伐採する。
5 町が変貌する。
6 唐突に現れる。
7 勝利に貢献する。
8 雨水の排水溝。
9 将棋をさす。
10 仕事を委嘱する。
11 序盤で決まる。
12 事態が緊迫する。
13 窒息を予防する。
14 農産物の出荷。
15 公の場に出る。

1	5	9	13
2	6	10	14
3	7	11	15
4	8	12	

各2点

2 カタカナを漢字に直しなさい。

1 話をコウテイする。
2 帽子《ぼうし》カけ
3 モモを食べる。
4 介護フクシ士の姉。
5 メイヨを守る。
6 ゴウインに通る。
7 チンタイ契約《けいやく》
8 ダイジョウブ
9 ニげるが勝ち。
10 原因のブンセキ。
11 ボウ人物の話だ。
12 店舗《てんぽ》ケン住宅。
13 遠くまでミワタす。
14 出発にオクれる。
15 減少ケイコウだ。

1	5	9	13
2	6	10	14
3	7	11	15
4	8	12	

各2点

❸ 単語の類別・品詞について、次の問いに答えなさい。

(1) ——線の単語が自立語のものを全て選び、記号で答えなさい。

ア 公園に行く。　イ きれいな海で泳ぐ。
ウ 明日は雨だろう。　エ 君が委員長だ。
オ 虹が出たよ。

(2) ——線の名詞の種類をあとから選び、記号で答えなさい。

❶ 父がイギリスに行く。　❷ 電話をかけることは苦手だ。
❸ 柔道の練習をする。　❹ 名前をここに書いてね。
❺ 毎朝六時に起きて走る。

ア 普通名詞　イ 固有名詞　ウ 数詞
エ 形式名詞　オ 代名詞

(3) ——線の副詞の種類をあとから選び、記号で答えなさい。

❶ 線の上をまっすぐ歩く。　❷ しばしば本屋に立ち寄る。
❸ もし雨なら中止だ。　❹ 雷がごろごろ鳴る。
❺ 明日はたぶん行けないだろう。

ア 状態の副詞　イ 程度の副詞　ウ 陳述《ちんじゅつ》（叙述《じょじゅつ》）の副詞

(4) ——線の品詞の種類をあとから選び、記号で答えなさい。

❶ はい、私が山田です。　❷ 大きな犬を飼う。
❸ あの家に住んでいる。　❹ 桜が咲いた。だが、まだ寒い。

ア 連体詞　イ 接続詞　ウ 感動詞

❸

(1)	(2)		(3)		(4)
	❶	❹	❶	❹	❶
	❷	❺	❷	❺	❷
	❸	各2点	❸	各3点	❸
完答3点					❹ 各3点

テストに出る

● **自立語** 単独で文節を作ることができる品詞。

活用がない
- **名詞**……主語になる（体言）
- **副詞**……主に連用修飾語になる
- **連体詞**……連体修飾語になる
- **接続詞**……接続語になる
- **感動詞**……独立語になる

活用がある
- **動詞**……述語になる（用言）・言い切りがウ段
- **形容詞**……述語になる（用言）・言い切りが「い」
- **形容動詞**……述語になる(用言)・言い切りが「だ・です」

● **付属語** 単独では文節を作ることができない品詞。
助詞（活用がない）・**助動詞**（活用がある）

Step 1

それだけでいい

15分

1 詩を読んで、問いに答えなさい。

▼㊝158ページ1行～159ページ14行

それだけでいい

杉《すぎ》 みき子《こ》

山は
そこに見えているだけでいい
冬は純白の
夏はみどりの頂が
遠い遠い空のはてに
いつも見えているだけでいい

海は
そこに輝《かがや》いているだけでいい
①白い船を泳がせ
かもめの群《むれ》を遊ばせ
長い長い道のはてに
いつも輝いているだけでいい

星は
そこにあるだけでいい
②雲に覆われるときも

1 (1) この詩の表現技法について答えなさい。

1 ――線①「白い船を泳がせ／かもめの群を遊ばせ」に用いられている表現技法は何ですか。次から一つ選び、記号で答えなさい。

ア 直喩　イ 擬人法　ウ 体言止め　エ 倒置《とうち》

（　　）

2 ――線②「雲に覆われるときも／雨に隠されるときも」に用いられている表現技法は何ですか。次から一つ選び、記号で答えなさい。

ア 直喩　イ 反復　ウ 対句　エ 体言止め

（　　）

3 **1**・**2**で答えたもの以外で用いられている表現技法を、漢字二字で答えなさい。

□□

(2) 第一連から第三連の三つの連と第四連とは、内容や形式にどのような違いがありますか。次の文の（　）に当てはまる言葉を書きなさい。

雨に隠されるときも
いつも確かにそこにあると
わかっているだけでいい

希望は
心にあるだけでいい
目には見えなくても
手にはとどかなくても
希望というものが
この世にあることを信ずる
信じつづける

それだけでいい

〈『杉みき子選集10 ささやかなあいさつ』〉より

第一連は（ a ）、第二連は（ b ）、第三連は（ c ）と、自然物について述べているのに対し、第四連は（ d ）という人に関するものが描かれている。また、第一連から第三連は（ e ）行であるのに対し、第四連は（ f ）行の構成である。

a（　　） b（　　） c（　　）
d（　　） e（　　） f（　　）

(3) 第五連が一行だけで表現されていますが、どのような効果がありますか。次から一つ選び、記号で答えなさい。

ア 第一連から第三連の三つの内容を肯定し、一つに集約している。
イ 第一連から第四連の内容を受け、そこにあることを強調している。
ウ 第四連最後の強い決意を受け止め、印象的に詩全体をまとめている。

（　　）

ヒント

(1) この詩は、いろいろな表現技法が用いられている。教科書p.162〜163を見ながら答えよう。
❶「海」が、人間のように「泳がせ」「遊ばせ」とあることに注目しよう。
❷二行は「…に…ときも」という同じ表現である。
❸「…だけでいい」という言葉が繰《く》り返されている。

Step 2

漢字を身につけよう⑥／言葉発見④

（漢字を身につけよう⑥〜言葉発見④）

20分

／100

目標 75点

❶ ――線の漢字の読み仮名《がな》を書きなさい。

① 海藻のサラダ。
② 早起きを推奨する。
③ 探偵の事務所。
④ 太鼓をたたく。
⑤ 剣道《けんどう》の稽古。
⑥ 逐一注意される。
⑦ 大会を制覇する。
⑧ 机上の空論。
⑨ 健やかに育つ。
⑩ 我《わ》が身を省みる。
⑪ 早急に回答する。
⑫ 夢の実現を図る。
⑬ 若干足りない。
⑭ ぶどうのひと房。
⑮ 全幅の信頼をおく。

❶			
①	⑤	⑨	⑬
②	⑥	⑩	⑭
③	⑦	⑪	⑮
④	⑧	⑫	

各2点

❷ カタカナを漢字に直しなさい。

① テイコウする。
② 八時間スイ眠《みん》。
③ 天然センイの布。
④ ダンボウをつける。
⑤ 漱石《そうせき》のネンプ。
⑥ 机にヒジをつく。
⑦ 教科書のハンバイ。
⑧ 道のハバが狭《せま》い。
⑨ 価格のコウショウ。
⑩ コウモクを立てる。
⑪ カジョウ書き
⑫ チツジョを守る。
⑬ 新製品をタメす。
⑭ メイロに入る。
⑮ ルイジ品に注意。

❷			
①	⑤	⑨	⑬
②	⑥	⑩	⑭
③	⑦	⑪	⑮
④	⑧	⑫	

各2点

❸ 表現技法について、次の問いに答えなさい。

(1) 次の文に用いられている表現技法をあとから一つずつ選び、記号で答えなさい。

❶ いつの間にこんなに離《はな》れてしまったんだ。僕《ぼく》たちが進む道は。
❷ ふと見上げると、綿あめのような雲が空に浮かんでいた。
❸ 走る。走る。走る。ひたすら走り続ける。ゴールは遠い。
❹ 試合終了間際《まぎわ》に放ったシュート。わきあがる歓声。
❺ 突然強い風が吹くと、木々はつらそうに長い腕《うで》を震《ふる》わせた。
❻ 弟は、我が家の小さな暴君だ。いつもわがままばかり言う。
❼ 東の空に太陽が昇る。西の空に月が落ちる。もうすぐ夜明けだ。

ア 直喩　イ 隠喩　ウ 擬人法　エ 倒置《とうち》
オ 反復　カ 対句　キ 体言止め

(2) 次の文の(　)に当てはまる言葉をあとから一つずつ選び、記号で答えなさい。

❶ 町の夜景は、(　)を散りばめたみたいに美しく輝《かがや》いている。
ア 小石　イ 宝石　ウ 豆　エ 砂

❷ つらいときがあったり、楽しいことがあったりと、人生はあたかも(　)のようだ。
ア キャンプ　イ 山登り　ウ 魚つり　エ 食事

(3) 次の文を、例にならって、普通の表現に直しなさい。

例 行ってみたいな、あの国に。→あの国に、行ってみたいな。

いつも心の中にある、故郷のなつかしい山並みが。

---

❸				
(1) ❶	(1) ❺	(2) ❶	(3)	
(1) ❷	(1) ❻	(2) ❷ 各4点		
(1) ❸	(1) ❼ 各4点			
(1) ❹			4点	

テストに出る

● さまざまな表現技法

比喩		あるものを別のものにたとえて表現する。
	直喩(明喩)	「(まるで／あたかも)～ようだ／みたいだ」
	隠喩(暗喩)	「～ようだ」を使わずにたとえる。
擬人法		人間以外のものを人間に見立てる。
倒置		語順を普通とは逆にする。
反復		同じ言葉や似た言葉を繰《く》り返す。
対句		語形や意味が対応する言葉を並べる。
体言止め		体言で文を終えて、印象や余韻《よいん》を残す。

Step 1

トロッコ

15分

❶ 文章を読んで、問いに答えなさい。

▼教 169ページ13行〜171ページ10行

そのうちにかれこれ十間《けん》ほど来ると、線路の勾配が急になりだした。トロッコも三人の力では、いくら押しても動かなくなった。どうかすれば車と一緒に、押し戻されそうにもなることがある。良平《りょうへい》①はもういいと思ったから、年下の二人に合図をした。

「さあ、乗ろう！」

彼らは一度に手を放すと、トロッコの上へ飛び乗った。トロッコは最初おもむろに、それからみるみる勢いよく、ひと息に線路を下りだした。そのとたんに②突き当たりの風景は、たちまち両側へ分かれるように、ずんずん目の前へ展開してくる。顔に当たる薄暮の風、足の下に躍るトロッコの動揺、——良平はほとんど③有頂天になった。

しかしトロッコは二、三分ののち、もうもとの終点に止まっていた。

「さあ、もう一度押すじゃあ。」

良平は年下の二人と一緒に、またトロッコを押し上げにかかった。が、まだ車輪も動かないうちに、突然彼らの後ろには、誰かの足音が聞こえだした。のみならずそれは聞こえだしたと思うと、急にこういうどなり声に変わった。

「このやろう！　誰に断ってトロに触った？」

そこには古い印《しるし》ばんてんに、季節外れの麦わら帽をかぶった、④背

(1) ——線①「もういいと思った」とありますが、どういうことですか。次から一つ選び、記号で答えなさい。

ア トロッコを触ることにもあきたので、もう乗らなくていい。
イ 重いトロッコを押すのに疲れたので、もう押さなくていい。
ウ これ以上勾配を登れないので、ここから乗って下ればいい。

（　）

(2) ——線②「突き当たりの風景は、……ずんずん目の前へ展開してくる」とありますが、この描写からどのようなことがわかりますか。次から一つ選び、記号で答えなさい。

ア トロッコがとても速いスピードで走っていること。
イ トロッコがゆっくりと風景の中を走っていること。
ウ トロッコの上の良平たちが恐怖を感じていること。

（　）

(3) ——線③「有頂天になった」とありますが、良平を有頂天にさせたものは何ですか。次の（　）に当てはまる言葉を、文章中から指定の字数で抜き出しなさい。

・目の前に展開する（a　二字）。　・顔に感じる（b　一字）。
・足から伝わる（c　七字）。

a

b

c

の高い土工がたたずんでいる。――そういう姿が目に入ったとき、良平は年下の二人と一緒に、もう五、六間逃げ出していた。――それぎり良平はつかいの帰りに、人けのない工事場のトロッコを見ても、二度と乗ってみようと思ったことはない。ただそのときの土工の姿は、今でも良平の頭のどこかに、はっきりした記憶《きおく》を残している。薄明かりの中にほのめいた、小さい黄色い麦わら帽、――しかしその記憶さえも、年ごとに色彩は薄れるらしい。

　そののち十日余りたってから、⑤良平はまたたった一人、昼過ぎの工事場にたたずみながら、トロッコの来るのを眺めていた。すると土を積んだトロッコの他に、枕木《まくらぎ》を積んだトロッコが一両、これは本線になるはずの、太い線路を登ってきた。このトロッコを押しているのは、二人とも若い男だった。良平は彼らを見たときから、なんだか親しみやすいような気がした。「この人たちならば叱られない。」――彼はそう思いながら、トロッコのそばへ駆けていった。

「おじさん。押してやろうか？」

　その中の一人、――しまのシャツを着ている男は、うつむきにトロッコを押したまま、⑥思ったとおり快い返事をした。

「おお、押してくよう。」

　良平は二人の間に入ると、力いっぱい押し始めた。

芥川　龍之介「トロッコ」〈『芥川龍之介全集　第五巻』〉より

(4) ――線④「背の高い土工」とありますが、この土工に叱られたのは現在の話ではないということがわかる部分を、文章中から二十一字で探し、初めと終わりの五字を抜き出しなさい。

～

(5) ――線⑤「良平はまた……眺めていた」とありますが、なぜ眺めていたのですか。次から一つ選び、記号で答えなさい。

ア　この前の叱った土工に文句を言いたかったから。
イ　トロッコに乗せてくれる若い土工を待っていたから。
ウ　トロッコに乗りたいという気持ちはまだあったから。

（　　）

(6) ――線⑥「思ったとおり」とありますが、良平はどのように思ったのですか。

（　　）

ヒント

(3) 「有頂天」は、熱中して夢中になる様子をいう。前の部分に注目して、三つに分けて答えよう。

(6) 前後の会話に注目しよう。良平の申し出に、土工はどう答えているだろうか。

「押してくよう」は「押してくれよ」という意味だよ。

Step 2 トロッコ①

20分

/100

目標 75点

1 文章を読んで、問いに答えなさい。思

▼教 173ページ6行～174ページ18行

三人はまたトロッコへ乗った。車は海を右にしながら、雑木の枝の下を走っていった。しかし良平《りょうへい》はさっきのように、①おもしろい気持ちにはなれなかった。「もう帰ってくれればいい。」――彼はそうも念じてみた。が、行く所まで行き着かなければ、トロッコも彼らも帰れないことは、もちろん彼にもわかりきっていた。

その次に車の止まったのは、切り崩《くず》した山を背負っている、わら屋根の茶店の前だった。二人の土工はその店へ入ると、乳飲み子をおぶったかみさんを相手に、悠々と茶などを飲み始めた。②良平は一人いらいらしながら、トロッコの周りを回ってみた。トロッコには頑丈な車台の板に、跳ね返った泥が乾いていた。

しばらくののち茶店を出てきしなに、巻きたばこを耳に挟んだ男は、（そのときはもう挟んでいなかったが）トロッコのそばにいる良平に新聞紙《しんぶんがみ》に包んだ駄菓子をくれた。良平は冷淡に「ありがとう。」と言った。が、すぐに③冷淡にしては、相手にすまないと思い直した。彼はその冷淡さを取り繕うように、包み菓子の一つを口へ入れた。菓子には新聞紙にあったらしい、石油の匂いがしみついていた。

三人はトロッコを押しながら緩い傾斜を登っていった。良平は車に手を掛けていても、④心は他のことを考えていた。

その坂を向こうへ下《お》りきると、また同じような茶店があった。土

(1) ――線①「おもしろい気持ちにはなれなかった」とありますが、良平は、なぜおもしろい気持ちになれなかったのですか。

(2) ――線②「良平は一人いらいらしながら……回ってみた」とありますが、良平のこの様子と対照的な土工たちの様子を表す言葉を、文章中から三字で抜き出しなさい。

(3) ――線③「冷淡にしては、相手にすまない」とありますが、なぜこのように感じたのですか。次から一つ選び、記号で答えなさい。

ア 相手を怒《おこ》らせてしまうと、置いていかれるかもしれないから。
イ 自分の都合で相手に腹を立てるのは申し訳ないと思ったから。
ウ 相手が自分のことを親身に心配していてくれると感じたから。

(4) ――線④「心は他のことを考えていた」とありますが、どのようなことを考えていましたか。

(5) ――線⑤「西日の光が消えかかっている」とありますが、この描写は良平のどのような気持ちを表していますか。次から一つ選び、記号で答えなさい。

ア 悲しさとくやしさ。　イ あせりと不安。
ウ 不満といらだち。　エ 希望と勇気。

点UP

(6) ――線⑥「良平は一瞬間あっけにとられた」とありますが、良平は、どのようなことがわかって「あっけにとられた」のですか。

土工たちがその中へ入ったあと、良平はトロッコに腰を掛けながら、帰ることばかり気にしていた。茶店の前には花の咲いた梅に、⑤西日の光が消えかかっている。「もう日が暮れる。」――彼はそう考えると、ぼんやり腰掛けてもいられなかった。トロッコの車輪を蹴ってみたり、一人では動かないのを承知しながらうんうんそれを押してみたり、――そんなことに気持ちを紛らせていた。

ところが土工たちは出てくると、車の上の枕木《まくらぎ》に手を掛けながら、むぞうさに彼にこう言った。

「われはもう帰んな。俺《おれ》たちは今日は向こう泊《ど》まりだから。」

「あんまり帰りが遅くなると、われのうちでも心配するずら。」

⑥良平は一瞬間あっけにとられた。もうかれこれ暗くなること、去年の暮れ母と岩村《いわむら》まで来たが、今日の道はその三、四倍あること、それを今からたった一人、歩いて帰らなければならないこと、――そういうことが一時《いちじ》にわかったのである。良平はほとんど泣きそうになった。が、泣いてもしかたがないと思った。泣いている場合ではないとも思った。彼は若い二人の土工に、取ってつけたようなおじぎをすると、どんどん線路づたいに走りだした。

芥川　龍之介「トロッコ」〈『芥川龍之介全集　第五巻』〉より

2 ――線のカタカナを漢字で書きなさい。

1 荷物をウンパンする。
2 十月のショジュン。
3 ウチョウテンになる。
4 イクつあるか数える。

1 (1)	1 (2)	1 (3)	1 (4)	1 (5)	1 (6)	2 1	2 2	2 3	2 4
15点	10点	10点	15点	10点	20点	各5点			

成績評価の観点　思…思考・判断・表現

Step 2 トロッコ②

20分

/100 目標 75点

❶ 文章を読んで、問いに答えなさい。思

▼教 175ページ1行～177ページ1行

良平《りょうへい》はしばらく無我夢中に線路のそばを走り続けた。そのうちに懐《ふところ》の菓子包みが、じゃまになることに気がついたから、それを道端へ放り出すついでに、板草履《いたぞうり》もそこへ脱ぎ捨ててしまった。すると薄い足袋《たび》の裏へじかに小石が食い込んだが、①足だけははるかに軽くなった。彼は左に海を感じながら、急な坂道を駆け登った。ときどき涙がこみあげてくると、自然に顔がゆがんでくる。――それは無理に我慢しても、鼻だけは絶えずくうくう鳴った。

竹やぶのそばを駆け抜けると、夕焼けのした日金山《ひがねやま》の空も、②もうほてりが消えかかっていた。良平はいよいよ気が気でなかった。行きと帰りと変わるせいか、景色の違うのも不安だった。すると今度は着物までも、汗のぬれ通ったのが気になったから、やはり必死に駆け続けたなり、羽織を道端へ脱いで捨てた。

みかん畑へ来る頃には、③辺りは暗くなる一方だった。「命さえ助かれば。」――良平はそう思いながら、滑ってもつまずいても走っていった。

やっと遠い夕闇《ゆうやみ》の中に、村外れの工事場が見えたとき、良平はひと思いに泣きたくなった。しかしそのときもべそはかいたが、とうとう泣かずに駆け続けた。

彼の村へ入ってみると、もう両側の家々には、電灯の光がさし合っ

(1) ――線①「足だけははるかに軽くなった」とありますが、軽くならなかったものは何ですか。次から一つ選び、記号で答えなさい。

ア うで　イ 着物　ウ 気持ち

(2) ――線②「もうほてりが消えかかっていた」とは、どのような様子を表していますか。次から一つ選び、記号で答えなさい。

ア 暑かった気温が低くなってきている様子。

イ 夕焼けの赤い色が消えかかっている様子。

ウ 雲がなくなり晴れ上がってきている様子。

(3) ――線③「辺りは暗くなる一方だった」とありますが、この描写は良平のどのような気持ちを表していますか。

(4) ――線④「大声に、わっと泣きださずにはいられなかった」とありますが、良平はなぜこうなったのですか。

(5) ――線⑤「良平は手足をもがきながら、すすりあげすすりあげ泣き続けた」とありますが、このように泣き続けたのはなぜですか。文章中からそれがわかる一文を探し、初めの五字を抜き出しなさい。

点UP

(6) ――線⑥「塵労に疲れた彼の前には今でもやはりそのときのように、薄暗いやぶや坂のある道が、細々と一筋断続している」とありますが、これは今の良平が、どのような状態にいることを表していますか。

ていた。良平はその電灯の光に、頭から汗の湯気の立つのが、彼自身にもはっきりわかった。井戸端に水をくんでいる女衆や、畑から帰ってくる男衆は、良平があえぎあえぎ走るのを見ては、「おい、どうしたね？」などと声をかけた。が、彼は無言のまま、雑貨屋だの床屋だの、明るい家の前を走り過ぎた。

彼のうちの門口へ駆け込んだとき、良平はとうとう④大声に、わっと泣きださずにはいられなかった。その泣き声は彼の周りへ、一時《いちじ》に父や母を集まらせた。殊に母はなんとか言いながら、良平の体を抱えるようにした。が、⑤良平は手足をもがきながら、すすりあげすすりあげ泣き続けた。その声が余り激しかったせいか、近所の女衆も三、四人、薄暗い門口へ集まってきた。父母はもちろん、その人たちは、口々に彼の泣くわけを尋ねた。しかし彼はなんと言われても泣き立てるよりほかにしかたがなかった。あの遠い道を駆け通してきた、今までの心細さを振り返ると、いくら大声に泣き続けても、足りない気持ちに迫られながら、…………

良平は二十六の年、妻子と一緒に東京へ出てきた。今ではある雑誌社の二階に、校正の朱筆《しゅふで》を握っている。が、彼はどうかすると、全然なんの理由もないのに、そのときの彼を思い出すことがある。全然なんの理由もないのに？――⑥塵労《じんろう》に疲れた彼の前には今でもやはりそのときのように、薄暗いやぶや坂のある道が、細々と一筋断続している。…………

芥川　龍之介「トロッコ」〈『芥川龍之介全集　第五巻』〉より

2　――線のカタカナを漢字で書きなさい。

❶ ドロだらけになる。　❷ 急なコウバイの坂。

❸ 麦わらボウをかぶる。　❹ レイタンな対応。

1						2			
(1) 10点	(2) 10点	(3) 15点	(4) 15点	(5) 10点	(6) 20点	❶	❷	❸	❹ 各5点

Step 2 漢字を身につけよう⑦
(トロッコ～漢字を身につけよう⑦)

20分 ／100 目標 75点

❶ ――線の漢字の読み仮名《がな》を書きなさい。

❶ 薄暮の時間帯。
❷ 胸が躍る。
❸ いたずらを叱る。
❹ 悠々自適の生活。
❺ ボールを蹴る。
❻ 悲しみを紛らす。
❼ 門口に立つ。
❽ 慈善事業に携わる。
❾ 窮屈な姿勢。
❿ 犯人を拘束する。
⓫ ルートを塞ぐ。
⓬ 肝に銘じる。
⓭ 体力が消耗する。
⓮ がけの縁を歩く。
⓯ 樹齢千年の杉。

❶

❶	❺	❾	⓭
❷	❻	❿	⓮
❸	❼	⓫	⓯
❹	❽	⓬	

各2点

❷ カタカナを漢字に直しなさい。

❶ 山頂からナガめる。
❷ 右ハシに寄る。
❸ 押しモドす。
❹ 表面にサワる。
❺ シキサイ豊か。
❻ 取りツクロう。
❼ ケイシャがある。
❽ 花がサく。
❾ ムガ夢中だ。
❿ 仕事にツカれる。
⓫ キップを買う。
⓬ ウえをしのぐ。
⓭ アットウ的勝利。
⓮ レンラクを取る。
⓯ ツナ渡り

❷

❶	❺	❾	⓭
❷	❻	❿	⓮
❸	❼	⓫	⓯
❹	❽	⓬	

各2点

❸ 次の言葉の意味をそれぞれあとから一つずつ選び、記号で答えなさい。

❶ おもむろに
ア 不意にやり始める様子。
イ 落ち着いて、ゆっくりとやる様子。
ウ ゆったりと、くつろいでいる様子。

❷ あっけにとられる
ア 思ってもいなかったことにあい、驚き、あきれること。
イ 意外な目にあい、驚いてあわててしまうこと。
ウ 思ってもいなかったので、がっかりすること。

❸ 取ってつけたよう
ア 言動が不自然でわざとらしい様子。
イ 言動が関心のなさを表している様子。
ウ 言動がいかにもその人らしい様子。

❹ 気が気でない
ア 気がゆるまないよう引き締めること。
イ 気にしないよう落ち着かせること。
ウ 気になって落ち着かないこと。

❸	
❶	
❷	
❸	
❹	
各4点	

❹ ――線の漢字の読み仮名を書きなさい。

❶ a 黄金虫がいる。　b 黄色の旗を掲げる。
❷ a 幼《よう》稚《ち》園に入る。　b 花園を散歩する。
❸ a 日本刀を研ぐ。　b 病原体を研究する。
❹ a 熟語を覚える。　b 桃が熟れて甘くなる。
❺ a 鉄から鋼をつくる。　b 鋼鉄のレールを敷《し》く。
❻ a 商売敵が現れる。　b 次の相手は強敵だ。
❼ a オリンピック精神　b 父は筆不精だ。
❽ a 兄と姉がいる。　b 長兄は大学生だ。

❹			
❶ a	b	❷ a	b
❸ a	b	❹ a	b
❺ a	b	❻ a	b
❼ a	b	❽ a	b
完答各3点			

Step 1

意味と意図――コミュニケーションを考える

15分

1 文章を読んで、問いに答えなさい。

▼教186ページ11行～188ページ11行

　発せられた言葉の「字面《じづら》どおりの意味」と、その言葉にこめられた「意図」が一致《いっち》しない例も、日常生活には頻繁にみられます。しかし多くの場合、私たちはその「不一致」を問題にすることなく、相手の意図を正しく理解しています。例えば、あなたが窓に手の届く場所に立っているときに、誰かから「すみません、そこの窓、開けられますか？」と言われたとします。それを字面どおりに解釈すれば、「相手は、私が窓を開けることができるかどうかを尋ねている」ということになります。しかし、だからといって、①ただ「はい。私は窓を開けられますよ。見ればわかるでしょう。」と答えるだけですませる人はほとんどいないと思います。親切な人ならば、すぐに手を伸ばして窓を開けてあげるでしょう。それは、「そこの窓、開けられますか？」という文を、字面どおりの「質問」ではなく、「窓を開けてください。」という「依頼」であると解釈するからです。なぜそのような解釈ができるかというと、私たちが「今、私の手が窓に届くことが明らかな状況《じょうきょう》で、相手がなぜ『あえて』②そういうことを尋ねたのか」を考え、「それは私に窓を開けてほしいからだ」と察することができるからです。つまり、私たちのもつ「他人の知識や思考、感情を推測する能力」が、相手の発言の「言外の意図」に気づかせてくれるのです。

(1) ――線①「ただ『はい。私は……ほとんどいない」とありますが、なぜいないのですか。次から一つ選び、記号で答えなさい。

ア　そんな答え方は失礼なので相手を怒《おこ》らせるおそれがあるから。
イ　状況から相手の言葉が字面どおりの質問でないとわかるから。
ウ　答えるよりも窓を開けるという行動で示すほうが親切だから。

（　　）

(2) ――線②「そういうこと」とありますが、何を指していますか。文章中から十七字で抜き出しなさい。

(3) 第一段落についてまとめた次の文の（　）に当てはまる言葉を、文章中から指定の字数で抜き出しなさい。

　言葉の（a　二字）と意図とが一致しない例は（b　四字）でもよくあるが、私たちは他人の知識や思考、感情を（c　二字）することにより、（d　五字）に気づくことができる。

a
b
c
d

しかし、「意図の推測」がいつもうまくいくとは限りません。むしろ、私たちはしょっちゅう、③意図の理解や伝達に失敗します。特に、SNSやメールなどのように文字のみによるコミュニケーションがあたりまえになった現在、意図がうまく伝わらないことによるトラブルが目につくようになりました。

例えば、あなたが自分で撮《と》った写真をSNSにアップしたとします。そのとき、もし人から次のように言われたらどのように感じるでしょうか。

④「あなたのように写真が上手じゃない人は、どうすればいい写真が撮れるようになるんでしょうね。」

こういうことを言われたら、あなたはこの人から「写真が上手だ」と言われていると思うでしょうか。それとも、「写真が下手だ」と言われていると思うでしょうか。それは、「あなたのように写真が上手じゃない人」という部分を、「あなたと違って写真が上手ではない人」と取るか、「あなたと同様に写真が苦手な人」と取るかによって変わります。もしあなたがこの発言者のことをよく知っており、なおかつ会話の流れが明らかな場合は、どちらに解釈すべきかをあまり迷うことはないでしょう。しかし、もしこれが個人的に知らない相手の、文脈のよくわからない発言だったら、ただとまどうしかないかもしれません。このような例では最悪の場合、「発言者はあなたを褒《ほ》めているつもりだったのに、あなたはけなされていると思った」というひどい誤解が生じる危険性もあります。

川添　愛「意味と意図――コミュニケーションを考える」より

(4) ――線③「意図の理解や伝達に失敗します」とありますが、その結果どのようになり得ると述べていますか。最後の段落の中から九字で抜き出しなさい。

(5) ――線④「あなたのように……なるんでしょうね」という文と同じ理由で解釈に迷うことになる文を次から一つ選び、記号で答えなさい。

ア 私は誰よりも担任の先生を尊敬している。
イ 昨日は友達と遊んだり長い時間話したりした。
ウ 彼にはこの社会科の練習問題は難しい。

(6) 文章の内容に合うものを次から一つ選び、記号で答えなさい。

ア SNSのように、知らない人と文字だけで言葉をかわす場合、意図が正しく伝達されない危険が大きい。
イ 写真に対する感想は、意図が正しく伝わらないことが多いので、SNSに写真をアップしないほうがよい。
ウ よく知っている人との間であれば、SNSでもメールでも言葉の意図は常に正しく理解される。

ヒント

(2) 相手が尋ねた内容なので、前にある相手の会話文に注目して、それをどのように解釈したのか考えよう。

Step 2 言葉発見⑤／漢字を身につけよう⑧

（意味と意図～漢字を身につけよう⑧）

20分

／100 目標 75点

❶ ──線の漢字の読み仮名《がな》を書きなさい。

1. 頻繁に外出する。
2. やぶ蚊が多い。
3. 急に空が曇る。
4. 脅威を与《あた》える。
5. 瑠璃色の湖。
6. 突如犬が現れる。
7. 柳の木を植える。
8. 新国家の勃興。
9. 反応が鈍い。
10. 法令を遵守する。
11. 感染症《かんせんしょう》を撲滅する。
12. 神社の神主。
13. 多岐にわたる。
14. 筆舌に尽くしがたい。
15. 面目をつぶす。

❶ 1 2 3 4 5 6 7 8 9 10 11 12 13 14 15 各2点

❷ ──カタカナを漢字に直しなさい。

1. ハナれて座る。
2. イライを受ける。
3. ガンタンの朝。
4. カサをさす。
5. カンペキな仕事。
6. ヘビは苦手だ。
7. ホリバタを歩く。
8. イカりを抑《おさ》える。
9. ニクしみを忘れる。
10. ロウキュウ化する。
11. 書きゾめの作品。
12. カワ製のバッグ。
13. 目をソムける。
14. タヅナを緩める。
15. 話題にノボせる。

❷ 1 2 3 4 5 6 7 8 9 10 11 12 13 14 15 各2点

3 共通語と方言について、次の問いに答えなさい。

(1) 次の場面で、共通語で話すほうがよい場面にはA、方言でよい場面にはBを書きなさい。

❶ 講演会で大勢の人に話をするとき。
❷ 今日あったできごとを家で話すとき。
❸ 高校入試の面接を受けるとき。
❹ 同じクラブの仲のよい友達と話すとき。
❺ 旅行者に道案内をするとき。

(2) 次の言葉の共通語のアクセントはどれですか。それぞれあとから一つずつ選び、記号で答えなさい。（同じものを二回選んでもよい。）

❶ 渡る「橋」
❷ 食事で使う「箸《はし》」
❸ 物の「端《はし》」

ア

イ
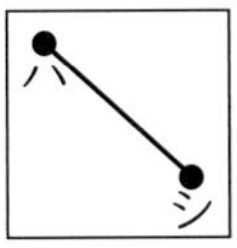

ウ
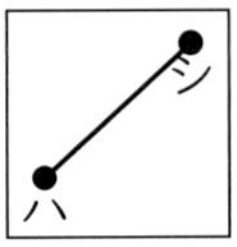

3		
(1)	❶	
	❷	
	❸	
	❹	
	❺	各3点
(2)	❶	
	❷	
	❸	各3点

4 次の言葉の意味をそれぞれ下から一つずつ選び、記号で答えなさい。

❶ 脅威　ア おびやかすこと。　イ 攻《せ》め込むこと。　ウ 悲しませること。
❷ 勃興　ア 立ち上がること。　イ 勢力を得ること。　ウ 勢力がおとろえること。
❸ 遵守　ア 守り従うこと。　イ 厳しく従わせること。　ウ 守り続けること。
❹ 撲滅　ア 大多数を滅ぼすこと。　イ 幾らか滅ぼすこと。　ウ 完全に滅ぼすこと。

4	
❶	
❷	
❸	
❹	各4点

テストに出る

● 方言と共通語

方言　それぞれの地域の人々の間で使われる言葉。家族や友人などと話すときや、日常的な場面で用いることが多い。

共通語　東京の言葉をもとにした、誰とでも通じる言葉。改まった場面や公の場、不特定多数の人々に話すときなどに用いることが多い。

Step 1

少年の日の思い出

15分

❶ 文章を読んで、問いに答えなさい。

▼教202ページ1行～204ページ7行

客は夕方の散歩から帰って、私の書斎で私のそばに腰掛けていた。昼間の明るさは消えうせようとしていた。窓の外には、①色あせた湖が、丘《おか》の多い岸に鋭く縁取られて、遠くかなたまで広がっていた。ちょうど、私の末の男の子が、おやすみを言ったところだったので、私たちは子供や幼い日の思い出について話し合った。

「子供ができてから、自分の幼年時代のいろいろの習慣や楽しみごとがまたよみがえってきたよ。それどころか、一年前から、僕《ぼく》はまた、チョウ集めをやっているよ。お目にかけようか。」と私は言った。

彼が見せてほしいと言ったので、私は収集の入っている軽い厚紙の箱を取りにいった。最初の箱を開けてみて初めて、もうすっかり暗くなっているのに気づき、私はランプを取ってマッチを擦《す》った。すると、②たちまち外の景色は闇《やみ》に沈んでしまい、窓いっぱいに不透明な青い夜色に閉ざされてしまった。

私のチョウは、明るいランプの光を受けて、箱の中から、きらびやかに光り輝《かがや》いた。私たちはその上に体をかがめて、美しい形や濃いみごとな色を眺め、チョウの名前を言った。

「これはワモンキシタバで、ラテン名はフルミネア。ここらではごく珍《めずら》しいやつだ。」と私は言った。

友人は一つのチョウを、ピンのついたまま、箱の中から用心深く

(1) ——線①「色あせた湖」とありますが、どのような湖ですか。

ア 水の色がにごって、くすんでしまった湖。
イ 夕日が映っていた色もさめて、くすんで見える湖。
ウ もう見慣れて、その美しさの感動もなくなった湖。

(　　)

(2) ——線②「たちまち外の景色は……閉ざされてしまった」とありますが、この描写はどのようなことを暗示していますか。次から一つ選び、記号で答えなさい。

ア このあとの話が、明るく楽しいものではないということ。
イ このあとの話が、夜を舞台《ぶたい》にしたものであるということ。
ウ このあとの話が、要領を得ないものであるということ。

(　　)

(3) ——線③「箱の蓋を閉じて、『もう、けっこう。』と言った」とありますが、このとき「彼」はどのような気持ちでしたか。次の文の(　)に当てはまる言葉を、文章中から指定の字数で抜き出しなさい。

チョウの(a　七字)だった少年の頃の(b　三字)が、よみがえってくるのがつらかった。

a

b

取り出し、羽の裏側を見た。

「妙《みょう》なものだ。チョウを見るくらい、幼年時代の思い出を強くそそられるものはない。僕は小さい少年の頃熱情的な収集家だったものだ。」と彼は言った。

　そしてチョウをまた元の場所に刺し、③箱の蓋《ふた》を閉じて、「もう、けっこう。」と言った。

　その思い出が不愉快ででもあるかのように、彼は口早にそう言った。その直後、私が箱をしまって戻ってくると、彼は微笑して、巻きたばこを私に求めた。

「悪く思わないでくれたまえ。」と、それから彼は言った。「君の収集をよく見なかったけれど。僕も子供のとき、無論、収集していたのだが、残念ながら、自分でその思い出をけがしてしまった。実際④話すのも恥ずかしいことだが、ひとつ聞いてもらおう。」

　彼はランプのほやの上でたばこに火をつけ、緑色のかさをランプに載せた。すると、私たちの顔は、快い薄暗がりの中に沈んだ。彼が開いた窓の縁に腰掛けると、⑤彼の姿は、外の闇からほとんど見分けがつかなかった。私は葉巻を吸った。外では、カエルが遠くから甲高く、闇一面に鳴いていた。友人はその間に次のように語った。

ヘルマン＝ヘッセ／高橋　健二 訳「少年の日の思い出」〈『ヘッセ全集2』〉より

(4) ――線④「話すのも恥ずかしいことだが、ひとつ聞いてもらおう」とありますが、「彼」はなぜこのように言うのですか。次の文の（　）に当てはまる言葉を、文章中から指定の字数で抜き出しなさい。

　自分から「私」のチョウの収集を（a 六字）と言ったのに、（b 三字）そうなそぶりをしたので、その理由を話そうと思ったから。

a □□□□□□

b □□□

(5) ――線⑤「彼の姿は、外の闇からほとんど見分けがつかなかった」とありますが、この描写はどのようなことを示していますか。次から一つ選び、記号で答えなさい。

ア 「彼」が恥ずかしい話をするのにふさわしい状況《じょうきょう》であること。
イ 二人が黙ってしまい、人の声が聞こえなくなっていること。
ウ 「彼」が闇にまぎれて、家の外へ出ていってしまったこと。

（　　）

ヒント

(1) 「色あせる」は、色が薄くなることや、新鮮さがなくなることを意味する。直前の「昼間の明るさは消えうせようとしていた」に注目しよう。

(4) 前に「悪く思わないでくれたまえ」とあるが、これは、「君の収集をよく見なかった」ことに対する言葉である。

Step 2

少年の日の思い出①

20分

/100 目標 75点

❶ 文章を読んで、問いに答えなさい。思

▼教 204ページ15行～206ページ11行

今でも美しいチョウを見ると、おりおり①あの熱情が身にしみて感じられる。そういう場合、僕《ぼく》はしばしの間、子供だけが感じることのできる、あのなんともいえぬ、貪《むさぼ》るような、うっとりした感じに襲《おそ》われる。少年の頃、初めてキアゲハに忍び寄った、あのとき味わった気持ちだ。また、そういう場合、僕はすぐに幼い日の無数の瞬間を思い浮かべるのだ。強く匂う乾いた荒野の焼きつくような昼下がり、庭の中の涼しい朝、神秘的な森の外れの夕方、僕はまるで宝を探す人のように、網を持って待ちぶせていたものだ。そして美しいチョウを見つけると、特別に珍《めずら》しいのでなくったってかまわない、日なたの花に止まって、色のついた羽を呼吸とともに上げ下げしているのを見つけると、捕《と》らえる喜びに息もつまりそうになり、しだいに忍び寄って、②輝《かがや》いている色の斑点の一つ一つ、透きとおった羽の脈の一つ一つ、触角の細いとび色の毛の一つ一つが見えてくると、その緊張と歓喜ときたら、なかった。そうした微妙《びみょう》な喜びと、激しい欲望との入り交じった気持ちは、その後、そうたびたび感じたことはなかった。

僕の両親は立派な道具なんかくれなかったから、僕は自分の収集を、③古い潰《つぶ》れたボール紙の箱にしまっておかねばならなかった。瓶の栓《せん》から切り抜いた丸いキルクを底に貼りつけ、ピンをそれに留め

---

❶ (1) ――線①「あの熱情」について答えなさい。

❶ これは、何をするときのどのような気持ちのことですか。文章中の言葉を使って説明しなさい。

❷ ❶のような気持ちだった当時の「僕」を、比喩を用いて表現した五字の言葉を、文章中から抜き出しなさい。

(2) ――線②「輝いている色の斑点の一つ一つ……細いとび色の毛の一つ一つ」とありますが、ここの表現の特徴を説明したものを次から一つ選び、記号で答えなさい。

ア チョウに近づくにつれ、細部まで見える様子を表現している。

イ チョウを捕る喜びを、たくさんの色の名を挙げて表現している。

ウ チョウを捕るときの緊張感を、第三者の視点から表現している。

(3) ――線③「古い潰れたボール紙の箱」とありますが、これと対照的な道具の例を、文章中から二つ抜き出しなさい。

点UP

(4) ――線④「重大で、評判になるような……自分の妹たちだけに見せる習慣になった」とありますが、なぜそのような習慣になったのですか。「僕」の気持ちを考えて、説明しなさい。

(5) ――線⑤「僕は妬み、嘆賞しながら彼を憎んでいた」とありますが、憎みながらも「彼」を「嘆賞」したのは、「彼」のどのような点に対してですか。二つ書きなさい。

た。こうした箱の潰れた壁の間に、僕は自分の宝物をしまっていた。初めのうち、僕は自分の収集を喜んでたびたび仲間に見せたが、他の者はガラスの蓋《ふた》のある木箱や、緑色のガーゼを貼った飼育箱や、その他ぜいたくなものを持っていたので、自分の幼稚な設備を自慢することなんかできなかった。それどころか、④重大で、評判になるような発見物や獲物があっても、ないしょにし、自分の妹たちだけに見せる習慣になった。あるとき、僕は、僕らのところでは珍しい青いコムラサキを捕らえた。それを展翅《てんし》し、乾いたときに、得意の余り、せめて隣の子供にだけは見せよう、という気になった。それは、中庭の向こうに住んでいる先生の息子《むすこ》だった。この少年は、非の打ちどころがないという悪徳をもっていた。それは子供としては二倍も気味悪い性質だった。彼の収集は小さく貧弱だったが、こぎれいなのと、手入れの正確な点で一つの宝石のようなものになっていた。彼はそのうえ、傷んだり壊れたりしたチョウの羽を、にかわで継ぎ合わすという、非常に難しい珍しい技術を心得ていた。とにかく、あらゆる点で、模範《もはん》少年だった。そのため、⑤僕は妬《ねた》み、嘆賞しながら彼を憎んでいた。

ヘルマン＝ヘッセ／高橋　健二 訳「少年の日の思い出」〈『ヘッセ全集２』〉より

❷ ――線のカタカナを漢字で書きなさい。

❶ 扉をトざす。　❷ フユカイな態度。

❸ 記事をノせる。　❹ キュウカを取る。

❶ (1) ❶	❶ (1) ❷	❶ (2)	❶ (3)	❶ (4)	❶ (5)	❷ ❶	❷ ❷	❷ ❸	❷ ❹
10点	10点	10点	各5点	20点	各10点			各5点	

Step 2

少年の日の思い出②

20分

/100

目標 75点

1 文章を読んで、問いに答えなさい。思

▼教210ページ16行〜212ページ8行

あの模範《もはん》少年でなくて、他の友達だったら、すぐにそうする気になれただろう。彼が僕《ぼく》の言うことをわかってくれないし、恐らく全然信じようともしないだろうということを、僕は前もって、はっきり感じていた。かれこれ夜になってしまったが、僕は出かける気になれなかった。母は僕が中庭にいるのを見つけて、「今日のうちでなければなりません。さあ、行きなさい!」と小声で言った。それで僕は出かけていき、エーミールは、と尋ねた。彼は出てきて、すぐに、誰かがクジャクヤママユをだいなしにしてしまった。悪いやつがやったのか、あるいは猫がやったのかわからない、と語った。僕はそのチョウを見せてくれと頼んだ。二人は上に上がっていった。彼はろうそくをつけた。僕はだいなしになったチョウが展翅板《てんしばん》の上に載っているのを見た。エーミールがそれを繕うために努力した跡が認められた。壊れた羽は丹念に広げられ、ぬれた吸い取り紙の上に置かれてあった。しかしそれは直すよしもなかった。触角もやはりなくなっていた。そこで、それは僕がやったのだと言い、詳しく話し、説明しようと試みた。

するとエーミールは激したり、僕をどなりつけたりなどはしないで、低く、ちぇっと舌を鳴らし、しばらくじっと僕を見つめていたが、それから「そうか、そうか、つまり君はそんなやつなんだな。」

(1) ——線①「かれこれ夜になってしまったが、僕は出かける気になれなかった」とありますが、なぜですか。その理由がわかる一文を文章中から探し、初めの五字を抜き出しなさい。

(2) ——線②「それ」とはどのようなことを指していますか。二十字以上で答えなさい。

(3) ——線③「君はそんなやつなんだな」とありますが、エーミールは「僕」をどのように思っているのですか。文章中から二字の言葉を抜き出しなさい。

(4) ——線④「彼は冷淡にかまえ」とありますが、エーミールの冷淡な様子を簡潔に描写した、ひと続きの二文を文章中から探し、初めの五字を抜き出しなさい。

(5) ——線⑤「母が根ほり葉ほり……うれしく思った」とありますが、「僕」はなぜうれしかったのですか。次から一つ選び、記号で答えなさい。

ア 母に友達のチョウを傷めたことを知られずにすんだから。
イ 今味わったみじめな思いを言葉にするのはつらすぎたから。
ウ 時間も遅くすっかり疲れたので早く床につきたかったから。

点UP

(6) ——線⑥「チョウを一つ一つ取り出し、指でこなごなに押し潰してしまった」とありますが、「僕」はなぜ、せっかく収集したチョウを押し潰してしまったのですか。簡潔に答えなさい。

と言った。

　僕は彼に僕のおもちゃをみんなやると言った。それでも彼は④冷淡にかまえ、依然僕をただ軽蔑《けいべつ》的に見つめていたので、僕は自分のチョウの収集を全部やると言った。しかし彼は、「けっこうだよ。僕は君の集めたやつはもう知っている。そのうえ、今日また、君がチョウをどんなに取り扱っているか、ということを見ることができたさ。」と言った。

　その瞬間、僕はすんでのところであいつの喉笛に飛びかかるところだった。もうどうにもしようがなかった。僕は悪漢だということに決まってしまい、エーミールはまるで世界のおきてを代表でもするかのように、冷然と、正義を盾に、あなどるように、僕の前に立っていた。彼は罵《のの》りさえしなかった。ただ僕を眺めて、軽蔑していた。

　そのとき初めて僕は、一度起きたことは、もう償いのできないものだということを悟った。僕は立ち去った。⑤母が根ほり葉ほり聞こうとしないで、僕にキスだけして、かまわずにおいてくれたことをうれしく思った。僕は、床にお入り、と言われた。僕にとってはもう遅い時刻だった。だが、その前に僕は、そっと食堂に行って、大きなとび色の厚紙の箱を取ってき、それを寝台の上に載せ、闇《やみ》の中で開いた。そして⑥チョウを一つ一つ取り出し、指でこなごなに押し潰《つぶ》してしまった。

ヘルマン＝ヘッセ／高橋　健二 訳「少年の日の思い出」〈『ヘッセ全集２』〉より

❷ ――線のカタカナを漢字で書きなさい。

❶ 妹がヨウチ園に入る。
❷ スズしい風が吹く。
❸ ユウガな生活を楽しむ。
❹ トチュウでやめる。

❶						❷	
(1) 10点	(2) 15点	(3) 15点	(4) 10点	(5) 10点	(6) 20点	❶	❷
						❸	❹
						各5点	

Step 2

漢字を身につけよう⑨

（少年の日の思い出～漢字を身につけよう⑨）

20分

/100

目標 75点

❶ ――線の漢字の読み仮名《がな》を書きなさい。

1 甲高い声を上げる。
2 まだらな斑点。
3 既に完成している。
4 丹念に調べる。
5 償いをする。
6 賓客を迎える。
7 収益が漸減する。
8 韻文の文学。
9 庶民の味を守る。
10 繁栄を享受する。
11 歌舞伎を見る。
12 襲名披露《ひろう》の挨拶。
13 謡曲を習う。
14 観客を魅了する。
15 丁寧に応対する。

❶			
1	5	9	13
2	6	10	14
3	7	11	15
4	8	12	

各2点

❷ カタカナを漢字に直しなさい。

1 父のショサイ。
2 フトウメイな沼。
3 コい霧《きり》に包まれる。
4 コウヤを歩く。
5 車がコワれる。
6 ヒンジャクな収集。
7 絵画のカンテイ。
8 ネツレツなファン。
9 コウゲキする。
10 誘《ゆう》ワクに勝つ。
11 目をヌスむ。
12 過《あやま》ちをサトる。
13 ネコを飼う。
14 クワしい解説。
15 ノドが渇く。

❷			
1	5	9	13
2	6	10	14
3	7	11	15
4	8	12	

各2点

❸ ――線の言葉の意味をそれぞれあとから一つずつ選び、記号で答えなさい。

❶ 弟は日中から眠りを貪《むさぼ》る。
ア 飽きずに一つの物を食べ続けること。
イ 飽きることなく一つの行為を続けること。
ウ 飽きるまで一つのことをし続けること。

❷ 町は再び活気を呈《てい》する。
ア ある状態を表すこと。
イ ある状態を取り戻すこと。
ウ ある状態を失うこと。

❸ 今大会はさしずめ我が校の優勝だ。
ア おそらく。たぶん。
イ あるいは。
ウ 結局。つまり。

❹ 対戦相手をあなどるのはよくない。
ア わけもなく恐れること。
イ わざと無視すること。
ウ 見下してばかにすること。

❸			
❶	❷	❸	❹

各4点

❹ ――線の漢字の読み仮名を書きなさい。

❶ a 果物が傷む。 b 傷害事件の発生。

❷ a 犯人を逮捕《たいほ》する。 b 罪を犯す。

❸ a 頼みを承知する。 b 注文を承る。

❹ a 信頼を損なう。 b 幾らか損失が出る。

❺ a 墓穴を掘る。 b 大きな穴があく。

❻ a ごみを拾う。 b 事態の収拾を図る。

❼ a 機織りの音。 b 機械を操作する。

❽ a 裁判を起こす。 b 布を裁つ。

❹			
❶ a b	❸ a b	❺ a b	❼ a b
❷ a b	❹ a b	❻ a b	❽ a b

完答各3点

Step 2 文法のまとめ

20分　／100　目標 75点

1 ❶・❷の文は文節に、❸・❹の文は単語に、それぞれ｜でくぎりなさい。

❶ 卵がないので近所のお店で買った。

❷ 兄は台所で料理をしている。

❸ 今夜はきっときれいな満月だろう。

❹ そんな所に立っていたら危ないよ。

2 次の文から主述の関係の文節を抜き出しなさい。

❶ 来週の日曜に友達と会う予定がある。

❷ 水曜日は妹は八時に家を出る。

❸ 彼女こそバレー部の部長にふさわしい。

❹ 人生で最も大切なものは健康だ。

1	
❶	卵 が な い の で 近 所 の お 店 で 買 っ た 。
❷	兄 は 台 所 で 料 理 を し て い る 。
❸	今 夜 は き っ と き れ い な 満 月 だ ろ う 。
❹	そ ん な 所 に 立 っ て い た ら 危 な い よ 。
	完答各8点

2	
❶	・
❷	・
❸	・
❹	・
	完答各8点

3 次の文から補助の関係の文節を抜き出しなさい。

きのう私のピアノ演奏を先生に聞いてもらった。

4 次の各組の単語の中で、他とは品詞が異なるものを一つずつ選び、記号で答えなさい。

❶ ア 小さい　イ 願い　ウ 楽しい　エ うれしい

❷ ア だから　イ では　ウ きっと　エ しかし

❸ ア 古い　イ この　ウ 大きな　エ たいした

5 ――線の副詞に注意して、（　）に当てはまる言葉を考えて書きなさい。

❶ 彼女は<u>なぜ</u>来ないの（　　）。

❷ <u>たぶん</u>明日は来る（　　）。

3	
	・
	完答8点

4	
❶	
❷	
❸	
	各6点

5	
❶	
❷	
	各5点

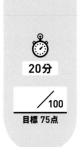

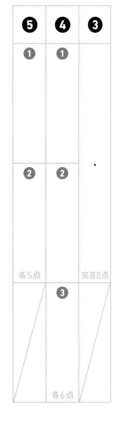

テスト前 ✓ やることチェック表

① まずはテストの目標をたてよう。頑張ったら達成できそうなちょっと上のレベルを目指そう。
② 次にやることを書こう（「ズバリ英語〇ページ，数学〇ページ」など）。
③ やり終えたら□に✓を入れよう。
最初に完ぺきな計画をたてる必要はなく，まずは数日分の計画をつくって，
その後追加・修正していっても良いね。

目標

	日付	やること 1	やること 2
2週間前	／	□	□
	／	□	□
	／	□	□
	／	□	□
	／	□	□
	／	□	□
	／	□	□
1週間前	／	□	□
	／	□	□
	／	□	□
	／	□	□
	／	□	□
	／	□	□
	／	□	□
テスト期間	／	□	□
	／	□	□
	／	□	□
	／	□	□
	／	□	□

QRコードのページに登録すると，「ぴたリンク」からも表をダウンロードできるよ

キリトリ線

テスト前 ☑ やることチェック表

① まずはテストの目標をたてよう。頑張ったら達成できそうなちょっと上のレベルを目指そう。
② 次にやることを書こう（「ズバリ英語○ページ，数学○ページ」など）。
③ やり終えたら□に✓を入れよう。
最初に完ぺきな計画をたてる必要はなく，まずは数日分の計画をつくって，
その後追加・修正していっても良いね。

目標

	日付	やること 1	やること 2
2週間前	／	□	□
	／	□	□
	／	□	□
	／	□	□
	／	□	□
	／	□	□
	／	□	□
1週間前	／	□	□
	／	□	□
	／	□	□
	／	□	□
	／	□	□
	／	□	□
	／	□	□
テスト期間	／	□	□
	／	□	□
	／	□	□
	／	□	□
	／	□	□

QRコードのページに登録すると，「ぴたリンク」からも表をダウンロードできるよ

三省堂版 国語1年 ― 定期テスト ズバリよくでる ― 解答集

〈本体から外してお使いください〉

朝のリレー

2〜3ページ Step 1

❶ (1) メキシコの娘／ローマの少年（順不同）

(2) ①イ

②どこか遠くで目覚時計のベルが鳴ってる

(3) ウ

❷ ①そ ②いさん ③ふくつう ④さいばん ⑤たず

⑥せんもん ⑦げんかく ⑧おさ ⑨こうふん ⑩ほけつ

⑪こと ⑫あやま ⑬ばくふ ⑭きけん ⑮うやま ⑯おが

―考え方―

❶ (1) 「朝もやの中でバスを待っている」、「朝陽《あさひ》にウインクする」という言葉に注目しよう。それぞれ誰《だれ》なのかは、前の行にある。

(2) ①地球上の国々が、順々に夜が明けて朝になっていくことを「リレー」にたとえている。

②どこかで目覚時計《めざましどけい》のベルが鳴っているというのは、そこに朝がきているということ。どこかに朝がリレーされたとわかる。

(3) 「リレー」という言葉がポイント。「リレー」は手から手へバトンをつないでいく。国が違《ちが》っても、「朝」というバトンで地球上の人々はつながっているのだということ。

竜

4〜5ページ Step 1

❶ (1) 三太郎のひげ

(2) 例 三太郎が吐いた、たまっていた息。

(3) a わああっ b へたへた

(4) ア

(5) a どでかい竜 b ふっ飛ばされて

(6) イ

―考え方―

❶ (2) 直後の文に「三太郎《さんたろう》が、たまっていた息を吐《は》いたのである」とある。ここをまとめよう。「十字以上」という指定に注意する。

(4) 「きゃっ」も擬声語《ぎせいご》で、驚《おどろ》いたときに発する言葉。「脅《おど》かされ」てこのような反応をするのは、三太郎が臆病《おくびょう》であることを表している。イ「気の強さ」やウ「慎重《しんちょう》さ」は合わない。

(5) 二つ前の「といっても」で始まる段落に注目する。「舟《ふね》ごと岸にふっ飛ばされ」た楢《なら》やんが見たのは、「どでかい竜」である。

(6) 「思いもよらず」は、考えられない、絶対したくないということ。すぐ前に「人間と顔突き合わせることなど思いもよらず」とある。ここから、三太郎は人間に見つかりたくないと思っていることがわかる。アの「好きになれない」は読み取れない。また、ウも文章の内容にはない。

竜

6〜7ページ Step 2

❶ (1) 日照り続き

(2) ②ウ ④イ

(3) 例 体中が藻だらけ水ごけだらけの様子。

(4) 例 日照り続きで困っていたとき、沼から竜神様が飛び出して大雨を降らせてくれたといういきさつ。

(5) ア

(6) 例 退屈だが、竜神様として人々にたてまつられるのは、竜大王にも申しわけが立ち、悪くはない気持ち。

例 思いがけず神様としてたてまつられるようになり、退屈だが、竜大王に申しわけも立つので、悪い気持ちではない。

❷ ①換 ②隠 ③湿 ④腰

❶ —考え方—

(1) 静かになったのは、沼を見に来る人がいなくなったからである。読み進んでいくと、「沼の周りに見物に来ていた連中が引き揚《あ》げたのもあたりまえ。日照り続きに、竜見物どころではなくなったのであった」とある。二文目が理由となる。

(2) ②「くすぶる」は、火が燃えずに煙《けむり》ばかり出ることや、すすで黒くなることをいうが、引きこもって暮らすことや、状態がよくならないことの意味もある。ここは、三太郎《さんたろう》が沼の底にじっとしていたことなので、ウ。

④「頭を抱《かか》える」は慣用句（決まった言い回し）。困っている様子を表す。

(3) 「ぬるぬる」「ねちねち」は気持ちの悪い触感《しょっかん》を表す。直前の文の「体中、藻《も》だらけ水ごけだらけ」という様子を表している。

(4) 「いきさつ」とは、物事の経過や事情のこと。百姓《ひゃくしょう》たちの立場で起こったできごとを記そう。

(5) 「けがの功名」は、特に考えずにしたことや失敗だと思ったことから、思いがけずよい結果が得られたことをいう。三太郎が、ただ、さっぱりしたくて雲に乗って駆けたことで、大雨が降り、百姓たちに喜ばれ、竜神様としてたてまつられる結果を招いたことを指している。アが当てはまる。イ「沼の底から出られなくなった」はよい結果とはいえない。ウ「鼻先を出した」ことがよい結果を招いたのではない。

(6) この一文からは、三太郎がのんびりと安心した状態になっていることがうかがえる。このときの三太郎の気持ちを、これより前の二つの段落に注目し、「竜神様とたてまつられるのは、まんざら悪い気持ちでもない」、竜大王《りゅうだいおう》に「申しわけも立とうというものだ」「神様ちゅうもんは、退屈《たいくつ》なもんじゃ……」をまとめよう。

言葉発見①／漢字を身につけよう①

8〜9ページ **Step 2**

❶ ①もぐ ②お ③びしょう ④ぼうとう ⑤ようし ⑥とら ⑦ぼしゅう ⑧けいじ ⑨かいしょ ⑩せいめい ⑪かくとく ⑫ふしん ⑬こ ⑭おめい ⑮ごい

❷ ①竜神 ②駆 ③沼 ④突 ⑤釣 ⑥一匹 ⑦抜 ⑧沈 ⑨浮 ⑩紹介 ⑪飾 ⑫優秀 ⑬新鮮 ⑭殺菌 ⑮技

❸ (1) ①3 ②3 ③4 ④5 ⑤6 ⑥7 ⑦10 ⑧17 ⑨18

(2) ①usagi ②matubayasi(matsubayashi) ③patokâ ④gakkôgyôzi（gakkôgyôji） ⑤fantazî（fantajî）

(3) ①カ ②ア ③イ ④ウ ⑤オ ⑥エ

❸ —考え方—

(1) ①撥音《はつおん》「ん」は一音節。「しょ」のように小さい「ゃ」「ゅ」「ょ」を含《ふく》む拗音《ようおん》は、まとめて一音節と数える。

②促音《そくおん》「っ」は一音節と数える。

③「きょう」は「キョー」と長音になり、「ー」は一音節なので、二音節となる。

⑨「会いましょう」は「あーいーまーしょーう」で五音節。

(2) 母音《ぼいん》は、ローマ字にしたときに「a」「i」「u」「e」「o」に当たる部分。「ん」は母音ではなく子音《しいん》なので注意する。

(3) ①「ー」は長音。平仮名《ひらがな》では長音の記号は用いないが、片仮名では「サッカー」「コーヒー」のように、のばす音に用いる。

②「ド」は濁音《だくおん》。「濁点（゛）」がつく。③半濁音はパ行だけ。

ペンギンの防寒着

10〜11ページ　Step 1

❶ (1) イ

(2) a 外からの寒さを防ぐ　b 体温の低下を防ぐ

(3) ア　(4) ウ

(5) 一つめ…羽根／皮膚／空気層（順不同）

二つめ…脂肪層　三つめ…羽根に塗る脂

(6) 例 ペンギンは、高性能の防寒着に身を包んで、寒さから身を守っている。

考え方

❶ (2) 続く文が「つまり」でつながれているので、このあとは前の内容の説明であるとわかる。ペンギンの羽根は、「防水性のコートやウエットスーツの役目」を果たし、それは「外からの寒さを防ぐとともに、……体温の低下を防ぐ空気の層をつくります」とある。ここから字数に合う部分を抜き出そう。

(3) 「その疑問」とは、前の段落の「まだしっかり羽根の生えていないヒナの場合などではどうなるのか」という疑問である。

(5) 「一つめ」は第三段落に、「二つめ」は第五段落に、「三つめ」は第七段落にある。それぞれの内容をとらえよう。「一つめ」では、「羽根」と「皮膚」との間に「空気層」があることを説明している。

(6) この文章は「序論（第一・二段落）→本論（第三〜七段落）→結論（第八段落）」という構成。序論で提起された問いの答えを、最後の段落から簡潔にまとめる。

クジラの飲み水

12〜13ページ　Step 1

❶ (1) ア

(2) a 体液　b 塩分　c （はるかに）少ない　d 喉が渇いて（しまい）

(3) クジラは、〜ではないか

(4) イ

考え方

❶ (2)(4) このあとの二つの文に説明されている。最後の段落の内容と選択肢《せんたくし》を合わせて検討しよう。「体の形やはたらき」はいろいろに変化したが、「飲み水に関しては、陸にすむ哺乳類とほとんど変わらず」とあるので、アは合わない。ウの「体液中の塩分を多くする体のはたらき」という内容は文章にない。「体液中の塩分は海水と同じような割合になっていない」は、イの「体液中の塩分が海水よりも少なく」と合う。

クジラの飲み水

14〜15ページ　Step 2

❶ (1) 例 クジラは食べ物を口の中や喉で絞り、海水を吐き出し、食べ物だけを胃に送るから。

(2) 例 食べ物を消化して、脂肪や炭水化物やタンパク質を分解するときにできる水。

(3) ア

(4) 例 クジラの体に蓄えられている脂肪。

(5) けれども、

(6) 例 自分の体内で水を作り、その水分をできるだけ失わないようにしている。

例 食べ物や自分の脂肪から水を作り、その水分をできるだけ失わないようにしている。

❷ ① 環境　② 渇　③ 乾燥　④ 頼

考え方

❶ (1) 続く段落に注目しよう。「クジラは、捕《と》らえた食べ物を口の中や喉《のど》でぎゅっと絞《しぼ》り、海水は吐《は》き出し、食べ物だけを胃に送っている」からまとめる。

(2)「この水」は直前の文の「水」を指しているが、どういう「水」なのかはその前の文にある。「……水。」という形で答える。

(3) ――線③に続く「クジラの食べ物には多量の脂肪分が含まれている」という部分が「幸運」の内容。脂肪から水が作られるのだから、この結果、多くの水を得られることになる。イ海に「十分な食べ物がある」は文章中にはない。ウの「食べ物の塩分の割合」については「幸運」に当てはまらない。

(4) 直前の「クジラの体には多くの脂肪が蓄えられている」の部分からまとめよう。

(5) このあとに「これはもったいない話のように思える。けれども、……」と、水分を失うことになっても排《はい》せつしなければならない理由を説明している。

(6) どのように水を得るかということだけでなく、第六段落にある「できるだけ余分な水分を失わないようになっている」を見逃《みのが》さないようにしよう。

漢字のしくみ1／言葉発見②

16～17ページ　Step 2

❶ ①えさ　②うば　③かたまり　④たくわ　⑤かんせん　⑥おつ　⑦あねったい　⑧こうい　⑨きがん　⑩ひつじゅひん　⑪ほうわ　⑫さる　⑬だえき　⑭うずま　⑮じゃあく

❷ ①抱　②脂肪　③塗　④哺乳　⑤砂漠　⑥含　⑦一緒　⑧比較　⑨尿　⑩恥　⑪踊　⑫山岳　⑬忙　⑭倫理　⑮抵

❸ (1)①ウ　②ア　③イ
(2)①六　②十一　③九
(3)イ
(4)①七　②五　③六　④四

❹ ①例 続いている　②例 つまらなくて（つまらないので）
③例 けんかをした（けんかをしてしまった）
④例 少し外出しようかと　⑤例 思っている（思っているのだ）

―考え方―

❸ (2) ②「阝（こざとへん・おおざと）」は三画であることに注意する。「子」「辶（しんにょう）」「己」なども画数を数え間違えやすい。

(3)「卵」は五～七画目の順序に注意しよう。

(4) ①・②縦画と横画の組み合わせは、筆順を誤りやすいので注意する。つらぬく縦画は、横画を書いてから最後に書くことが多いが、一番下にある横画はそれよりもあとで書く。

④「心」と「必」とでは点を書く順序が変わるので、注意する。

❹ ①「よ」「ね」、④「かな」などの助詞は削除《さくじょ》する。

空中ブランコ乗りのキキ

18～19ページ　Step 1

❶ (1)ウ
(2)イ
(3)キキは黙っ
(4)ウ
(5)例 死んでしまってもいいなら、四回宙返りをやりなさい。

―考え方―

❶ (1)「……。」と言葉を続けられずにいる様子から、ア「冷静に受け入れる」、イ「覚悟《かくご》を決めて」「動じない」は、当てはまらない。「動揺して沈んだ」気持ちになって言葉が出なかったのである。

(2) おばあさんは、この前に「ピピが、三回宙返りをやったよ」「おまえさんの三回宙返りの人気も、今夜限りさ」と言っている。観客がキキの三回宙返りを称賛《しょうさん》しなくなるということ。ア「観客が気づかない」や、ウ「明日の演技に集中できない」は合わない。

(4) このあとのおばあさんの、「おまえさんは、お客さんから大きな拍手をもらいたいという、ただそれだけのために死ぬのかね」という言葉から読み取ろう。

空中ブランコ乗りのキキ

20〜21ページ　Step 2

❶ (1) 例 団長さんは、四回宙返りはどう考えても無理だと思っているから。

(2) 天に昇ってゆく白い魂のように

(3) ア

(4) むちのように／花が開くように／抱き抱えるように／お魚のように／ひょうのような（順不同）

(5) 人々のどよ〜揺るがして

(6) 例 キキは大きな拍手を得ることはできたが、もうブランコで宙返りをすることはできなくなってしまったから。

例 四回宙返りは成功できたが、キキはもうブランコに乗ることができなくなってしまったと思うから。

❷ ①懸命　②片隅　③黙　④一斉

考え方

❶ (1) 「陽気な団長さん」が、「練習でも、まだ一度も成功していないんだろう？」と心配して言っていることからまとめよう。

(2) 「お客さんにはそれ（＝縄ばしごを登ってゆくキキ）が、天に昇ってゆく白い魂《たましい》のように見えました」とある。「〜ように」はたとえ（直喩《ちょくゆ》）の表現。

(3) 「四回宙返りは、この一回しかできないのです」と言うキキは、死を覚悟《かくご》している。今のキキにとって、揺れるブランコが世界の全てなのである。イ・ウにはキキの内面が表されていない。

(4) ――線③は、キキが四回宙返りをする様子を、「ように」を用いて表した表現。このあと同様に「〜ように（ような）」で表された言葉を抜き出す。

(5) 「涙を流し」と「肩をたたき合い」という行動が、観客の感動と喜びの感情を表している。「潮鳴りのように」というたとえの表現をおさえる。

(6) 次の段落に、町の人々は、海の方へ飛んでいった「白い大きな鳥」は「キキだったのかもしれない」とうわさしているとある。四回宙返りを成功させて消えてしまったキキに対し、どのようなことを「悲しい」ととらえているのか考えて書こう。

漢字を身につけよう②／文法の窓1

22〜23ページ　Step 2

❶ ①ひきん　②はんざつ　③ちんしゃ　④すず　⑤みつばち　⑥め　⑦ついずい　⑧いっそう　⑨か　⑩あお　⑪は　⑫こびん　⑬はず　⑭ととの　⑮すみ

❷ ①訂正　②描　③菊　④優　⑤万能　⑥拍手　⑦網　⑧澄　⑨揺　⑩陰　⑪瞬間　⑫滑　⑬緩　⑭余裕　⑮無駄

❸ (1)（文節・単語の順）①4・7　②6・10

(2)（主語・述語の順）①子犬は・見つかった　②彼こそ・ふさわしい

(3) ①立て直す　②近くに

(4) ①だから　②あれ

(5) ①ウ　②エ　③ア　④イ

考え方

❸ (1) ①文節…今夜は／夜空の／星が／きれいだ。

単語…今夜｜は｜夜空｜の｜星｜が｜きれいだ。

②文節…兄は、／月曜日は／朝／六時に／家を／出る。

単語…兄｜は、｜月曜日｜は｜朝｜六時｜に｜家｜を｜出る。

(2) ①「何が―どうする」、②「誰《だれ》が―どんなだ」という関係。

他に「何が（誰が）―何だ／ある・いる」という関係もある。主語は「彼こそ」のように「〜こそ・〜も」などの場合もある。

(4) ①「だから」は原因・理由を表す接続語。

(5) ①「リンゴと」と「キウイです」は対等に並んでいる。

②「いる」は実質的な意味はなく、補助的な意味をそえている。

③「何が―ある」という主述の関係。

字のない葉書

24〜25ページ Step 1

❶ (1) ア
(2) ① a 呼び捨て　b 罵声　c げんこつ　d「殿」
② こそばゆい〜ような気分
(3) 威厳と愛情〜のない父親
(4) a 暴君　b てれ性

考え方

❶ (2)「殿」は目下の人に対する、あらたまった手紙の宛名《あてな》として使われる。——線のあとに注目しよう。ふだんの父の様子とは異なるあらたまった態度に驚《おどろ》いたのである。
(4) 最後の段落から読み取ろう。「暴君」は、その前の段落にある「母や子供たちに手を上げる父」をいう。「性格」なので、bは「筆まめ」は合わない。

字のない葉書

26〜27ページ Step 2

❶ (1) イ
(2) 遠足にでも行くようにはしゃいで
(3) (順に) 赤鉛筆の大マル・黒鉛筆の小マル・バツ
(4) 例 葉書を出せないほどの状態になっている（弱っている）様子。
(5) 例 妹のためにできることを、精いっぱいやっている「私」と弟の気持ちがわかったから。
例 つらい思いをしてきた妹に、食料のかぼちゃをたくさん見せてやりたいという「私」と弟の気持ちがわかったから。
(6) 例 妹を喜ばせてやりたいから。

❷ ① 殿　② 威厳　③ 歳　④ 全滅

考え方

❶ (1)「妹は、まだ字が書けなかった」とある。父は、まだ幼い妹が心配で、なんとか妹が様子を知らせることのできる方法を考えたのである。
(2) 第三段落は妹が出かけていくときの様子である。ここから抜き出そう。
(3)「初めての葉書《はがき》」は、赤飯やぼた餅《もち》の歓迎《かんげい》を受けたので「威勢のいい赤鉛筆の大マル」だった。次の段落に「ところが」と続いて、マルは「急激に小さく」なり、「小マルはついにバツに変わった」とある。
(4) 前の段落で、下の妹がかなり元気をなくしていた様子がわかる。バツの葉書さえ書けないというのは、心配な状態にあると推測できる。
(5)「家庭菜園」のかぼちゃは、戦時下の大切な食料である。大きく育つまで収穫しないのだが、疎開先で満足に食べられなかっただろう妹に、せめてこれだけの食料があると見せたいという気持ちから、小さいのまで収穫した。その気持ちは父も同じであったから何も言わなかった。
(6) 直後の「これくらいしか妹を喜ばせる方法がなかったのだ」に注目する。

漢字のしくみ2／漢字を身につけよう③

28〜29ページ Step 2

❶ ① そかい　② さんじょう　③ した　④ はたん　⑤ すいこう
⑥ しっこく　⑦ ふんいき　⑧ ひゆ　⑨ じょじゅつ　⑩ きょぎ
⑪ さいそく　⑫ けんとう　⑬ しんぼく　⑭ まさ　⑮ げし

❷ ① 添　② 肌着　③ 鉛筆　④ 茎　⑤ 寝　⑥ 収穫　⑦ 偉　⑧ 迎
⑨ 盆　⑩ 根拠　⑪ 宛名　⑫ 柔道　⑬ 謎　⑭ 納得　⑮ 素足

❸ (1) (部首名・意味の順) ① うかんむり・ウ　② にくづき・オ

③やまいだれ・ア　④おおざと・イ　⑤れっか（れんが）・カ
(2) ①ウ　②イ　③ア　④エ
(3) ①エ　②ア　③ウ　④イ

考え方

❸(1) ①「冖（わかんむり）」や「穴（あなかんむり）」と混同しないこと。
③「病」「症《しょう》」など病気に関する漢字につく。
(2) ①「慣」は「りっしんべん」、「想」は「こころ」。
②「利」は「りっとう」、「切」は「かたな」。
③「裏」は「ころも」、「複」は「ころもへん」。
④「波」は「さんずい」、「泉」は「みず」。
(3) ①「丁」が「チョウ」という読みを、「頁」が意味を表す。
②角の生えた羊の顔を表す。③「山」と「石」で「岩」。
④「木」の先端《せんたん》に印をつけて「はし（まつ）」を表している。

玄関扉

30〜31ページ Step 1

❶(1) 日本…例 たいてい外に開く。
欧米…例 例外なく内側に開く。
(2) ウ
(3) a履き物　b脱ぐ　c水洗い　d水勾配
(4) ウ
(5) 履き物…例 脱いだ履き物にドアが引っかからない。
土間の水洗い…例 ドアに向かって水勾配をとると水がスムーズに流れる。
隙間風…例 シャットアウトできる。

考え方

❶(2) このあとに「内開きのドアは、……客を招き入れるように開くからはるかに感じがよい」とある。
(3) すぐ後ろに「その理由は明快で、……」と一つめの理由が述べられている。その文の中からaとbを抜き出す。二つめは、段落の中ほどに「もう一つの理由として、……」とあるので、そのあとの説明から文に当てはまるように抜き出そう。
(5) ——線⑤を含む文の初めに、「つまり」があることに注目しよう。「つまり」は、それまでの内容をまとめるはたらきの接続語なので、この文の前の部分から読み取る。「日本人の生活様式」とは、「履き物を脱ぐ。」「土間を水洗いしたい。」「隙間風《すきま》を嫌う。」という三点。この三点に触《ふ》れている部分「子供が……履き物に、ドアが引っかかる心配をしなくてすむ」「ドアに向かって水勾配《みずこうばい》をとれば水はスムーズに流れだす」「隙間風やほこりも……シャットアウトできる」からまとめる。

玄関扉

32〜33ページ Step 2

❶(1) ウ
(2) ①例 相対する者のどちらの位置も侵さず、横に滑って視界から消える点。
②例 自然や近隣の人々に対する親和的で融合的な態度。
(3) ①玄関口から〜待っている
②例 相手が出てきたら〝おじぎ〟をするため。
(4) 例 この距離は、普通のドアが外へ開いてくる軌跡の外にあるので、外開きでもトラブルを起こさず、外開きドアの定着を助けた。
例 この距離は、普通のドアが外へ開いてくる軌跡の外にあるので、外開きドアはトラブルを起こさずにすみ、定着していった。
(5) 握手（のための距離。）
❷ ①床　②排出　③嫌　④戸棚

考え方

❶(1) 「ヨーロッパ的な考え方を反映している」というのは「内開きのドア」のこと。内開きは、「外来者を敵として頑固に拒」む、「外

敵の侵入を防ぐ」「敵対的な存在を厳しく締め出」すものである。これに合うのはウ。
(2) ①次の文に「相対する者のどちらの位置も侵さず、横に軽やかに滑って視界から消える」とある。
②「引き戸の特徴は、自然に対しても近隣の人々に対しても親和的、融合的な日本人の態度にいかにもふさわしい」の部分をまとめる。
(3) ①「僕《ぼく》（筆者）」は「玄関口からかなり離《はな》れて、ドアが開かれるのを待っている」。
②「それは、相手が出てきたら〝おじぎ〟をするため」とあるのに注目する。「それ」は、①で答えた、玄関口から離れて待っていることを指している。
(4) この「距離《きょり》」は「普通のドアが外へ開いてくる軌跡の外にある」ので、外開きドアは「大したトラブルが起こら」ない、そのため外開き形式のドアは「定着していった」、をまとめよう。
(5) 少し前にある「これに対して欧米人の〝握手〟は」に注目する。「これ」とは日本人の〝おじぎ〟を指すので、「挨拶」というのは、日本人は〝おじぎ〟、欧米人は〝握手〟とわかる。

言葉発見③／漢字を身につけよう④

34〜35ページ Step 2

❶ ①おうべい ②ぬ ③しゅうねん ④しんにゅう ⑤がんこ ⑥かろ ⑦あわ ⑧れんけい ⑨せきはい ⑩きんこう ⑪はいけい ⑫きょうふ ⑬とくしゅ ⑭そち ⑮けんびきょう
❷ ①玄関扉 ②履 ③避 ④解釈 ⑤拒 ⑥壁 ⑦締 ⑧特徴 ⑨近隣 ⑩距 ⑪握手 ⑫挨拶 ⑬応援 ⑭純粋 ⑮細胞
❸ (1) ①イ ②オ ③ア ④エ ⑤ウ
(2) ①家族写真 ②ドアの前 ③傘 ④（大きな）白い家 ⑤去年の大会で優勝したとき
❹ ①ごうきゅう ②ていちょう ③けいだい ④こんじゃく ⑤ほが

―考え方―

❸ (1) ①前と対立する内容があとに続いている。↓逆接
②前の内容から話題が変わっている。↓転換
③前の内容が原因となってあとの内容につながっている。↓順接
④前の文の理由をあとで説明している。↓説明・補足
⑤前の内容にあとの内容をつけ加えている。↓並立《へいりつ》・累加《るいか》
(2) 指示する語句は「こそあど言葉」と呼ばれる。②「そこ」は場所を表す指示語。③「これ」は近いところの物事を示す。④「あれ」は遠いところの事物を示す。⑤「あの」は指定する言葉。

月を思う心／竹取物語／古文の読み方

36〜37ページ Step 1

❶ (1) ①ア ②イ ③ア ④ア
(2) 旧暦
(3) 親類一同集まって睦み合う月
(4) ウ
❷ (1) aいう bつかいけり cうつくしゅうて dいたり
(2) さぬきの造
(3) いろいろなこと

―考え方―

❶ (1) 現代語訳に注意しよう。②は「月を見て楽しむ月」に当たるのでイ。③は「名月」、④「今月の月」なのでア。
(2) 「昔は」とあるので、これは昔の人が使っていた暦《こよみ》のこと。あとの段落に「昔の人が使っていた暦（旧暦《きゅうれき》）」とある。
(3) 「一月」の異名「睦月《むつき》」については、この直後に「……が由来とされます」と説明されている。
(4) 「そのような」という指示語が指す内容なので、前の部分を探そう。

「昔の人が使っていた暦」「現在の暦とは、一か月ほど後ろにずれて」とあるので、ア、イは適切。春は「一月から三月」とあるので、ウが誤り。

❷ (2)「名をば、さぬきの造《みやつこ》となむいひける」（名は、さぬきの造といった）に注目する。

(3)「よろづ」は現代の仮名遣《かな》いでは「よろず」、漢字では「万」と書く。「いろいろ」という意味である。

竹取物語／古文の読み方

38〜39ページ Step 2

❶ (1) a おそわれたるよう　b あいたたかわん

(2) ① ウ　② エ・オ（順不同）

(3) ア

(4) 飛ぶ車

(5) 返す返す本意なくこそおぼえはべれ

(6) ⑥ 残念に　⑦ ご覧ください

(7) 例 見捨てていく翁や嫗のことが心配だから。
例 地上の翁や嫗のことが心残りだから。

❷ ① 継　② 嘆　③ 献上　④ 尋

考え方

❶ (1) a「は」は「わ」、「やう」は「よう」に直す。
b「ひ」は「い」、「は」は「わ」、「む」は「ん」に直す。

語頭以外の「は・ひ・ふ・へ・ほ」→「わ・い・う・え・お」に、「ア段＋う・ふ」→「オ段＋う」に直すことを確かめよう。

(2) ①「雲に乗りて下《お》りき」た人である。
②「内外《うちと》なる人」（家の内と外にいた人々）なので、兵士と、家の中の「翁《おきな》と嫗《おうな》」のことである。

(3)「物におそはれたるやうにて」（物《もの》の怪《け》に取りつかれたようで）とあるのをおさえる。その結果、戦意を失ってしまったのである。

(4)「それを屋根の上に寄せて」から、乗り物のことであるとわかる。すぐ前の文から抜き出す。

(5) あとの古文の中から、かぐや姫が自分の気持ちを述べているところを探そう。最後の「空よりも落ちぬべき心地《ここち》する」も気持ちの表現であるが、字数指定に合わない。

(6) ⑥「本意《ほい》なし」は、思いどおりにいかないという意味。⑦「見たまへ」の「たまへ」は尊敬の気持ちを表す。

(7) 現代語訳に、「お見捨て申しあげていく私も、空から落ちてしまいそうな気がするのです」とあることに注目する。翁と嫗を見捨てて月に戻《もど》っていくかぐや姫は、別れを残念に思い、嘆き悲しむ二人に心を残している。

故事成語──矛盾／漢文の読み方

40〜41ページ Step 1

❶ (1) いわく

(2) ② ウ　③ ア

(3) 盾と矛とをひさぐ者

(4) イ

(5) ⑥ エ　⑦ イ　⑧ ア　⑨ ウ

(6) a エ　b カ　c イ　d ウ　e ア

考え方

❶ (1) 語頭以外の「は」は「わ」に直す。

(2) ②「よくとほすなきなり」は「突き通すことのできるものはない」＝「何も（盾《たて》を）突き通せない」となる。③「物においてとほさざるなきなり」は「どんなものでも突き通さないものはない」＝「（矛《ほこ》は）何でも突き通す」となる。

(5) 故事成語の意味は、中国のもととなった話を知ると覚えやすい。
⑥詩人が「推」と「敲」の字で迷ったということから。
⑦蛇《へび》の絵を描こうとして、勢いで足まで描いたということから。

(6)⑧五十歩逃《に》げた人が百歩逃げた人を笑ったということから。
⑨後ろが川で逃げようのない場所に陣地《じんち》をしいたことから。
「白文《はくぶん》」は、何も記号が付いていない真っ白な文章という意味。「書き下《くだ》し」は日本語の文章（古文）として書き改めることをいう。

漢字のしくみ3

42～43ページ　Step 2

❶ ①じょう ②ともな ③むじゅん ④かた ⑤さら ⑥けっしょう ⑦ぜひ ⑧そっきょう ⑨かきね ⑩やますそ ⑪たてつぼ ⑫ふくめん ⑬してき ⑭けいしょう ⑮じんもん

❷ ①筒 ②遺 ③黒髪 ④託 ⑤吐 ⑥煙 ⑦自慢 ⑧鋭 ⑨歓迎 ⑩模擬 ⑪対称 ⑫芋 ⑬杉 ⑭水滴 ⑮伴奏

❸ (1)①ジキ ②エ ③ひかり ④ス ⑤こま
(2)①精 ②観 ③複 ④敵
(3)①早 ②速 ③納 ④修 ⑤収 ⑥治

―考え方―

❸(1)①音読みは「チョク・ジキ」、訓読みは「ただ-ちに・なお-す」。
②「エ」は音読み。訓読みと間違えやすい。
④「素」の音読みは「ソ・ス」。
⑤「ほそ-い」という訓読みもある。音読みは「サイ」。
(2)①「清算」は「借金の清算」など、決まりをつける場合に使われる。
③「複」は二つ以上重なっている場合に使われる。「復」は、返る、ふたたびという意味をもつ。
④「匹敵」は、競争相手（敵）と同じくらいという意味の言葉。
(3)①・②「早」は時期、「速」はスピードについていう場合に使う。
③～⑥「納」はお金などについて、「修」は勉学について、「収」は物事を片づけるときや成果をあげるときなどに、「治」は国や世の中についていうときに使う。

「みんないるから大丈夫」の怖さ

44～45ページ　Step 1

❶ (1)通路に煙が～つけた学生
(2)ア
(3)緊急時、人
(4)ウ
(5)逃げるタイミングを失う

―考え方―

❶(2)「避難が遅れた」学生について述べている段落に注目しよう。「これは食堂にいた学生たちも同じような答えだった」の「これ」の指す内容は、「たぶん誤報か点検だと思っていた。まさか火災とは思わなかった」ということ。さらに、「みんないるから大丈夫だと思った」というのが加わる。この二つの内容を含んでいるのはア。イ「安全だと思った」、ウ「より確かな情報が得られるのを待つ」は文章に書かれていない。
(3)「一人でいた場合」の行動である。後半の初めに「緊急時、人間は一人でいるときは『何が起きたのか』とすぐ自分の判断で行動を起こす」と、「一人でいた場合」について述べている。
(4)二つ前の文に「……傾向」とあり、「集団同調性バイアス」と呼ぶ傾向のことを指している。ア「一人でいる人」は自分で判断する。イは「集団同調性バイアス」には当てはまらない。

漢字を身につけよう⑤／文法の窓2

46～47ページ　Step 2

❶ ①せっしゅ ②せんたくし ③じく ④ばっさい ⑤へんぼう ⑥とうとつ ⑦こうけん ⑧こう ⑨しょうぎ ⑩いしょく ⑪じょばん ⑫きんぱく ⑬ちっそく ⑭しゅっか ⑮おおやけ

❷ ①肯定 ②掛 ③桃 ④福祉 ⑤名誉 ⑥強引 ⑦賃貸
⑧大丈夫 ⑨逃 ⑩分析 ⑪某 ⑫兼 ⑬見渡 ⑭遅
⑮傾向

❸ (1) ア・イ・エ（順不同）
(2) ①イ ②エ ③ア ④オ ⑤ウ
(3) ①ア ②イ ③ウ ④ア ⑤ウ
(4) ①ウ ②ア ③ア ④イ

―考え方―

❸ (1) イは形容動詞、ウは助動詞、オは助詞。
(2) ②形式名詞には、「～こと」「～とき」「～（の）ため」などがある。
(3) ③・⑤「もし～なら」「たぶん～だろう」とあとにくる言葉がきまっている。④擬声語や擬態語も状態の副詞に入る。
(4) 連体詞は体言だけにかかる。「あの」「この」「その」も連体詞。

それだけでいい

48～49ページ Step❶

❶ (1) ①イ ②ウ ③反復
(2) a山 b海 c星 d希望 e六（6） f七（7）
(3) ウ

―考え方―

❶ (2) 第一連から第三連は、それぞれ「山」「海」「星」と自然物が題材である。第四連は「希望」という人の心の中にあるもので、それをどのように心にもつかを表している。また、第三連までが六行であるのに、第四連だけ七行で、「…だけでいい」という反復もないので、構成が異なっているといえる。
(3) 第四連の最後に「信ずる／信じつづける」とあるのは、「希望」というものに対する強い意志を表している。第五連「それだけでいい」の「それ」は、その強い意志を受けていると同時に、第一連から第三連の「…だけでいい」という反復にもなっていて、詩全体のまとめとなっている。アは第四連をはずしているので不十分。イ「そこにあることを強調」ではなく、「信じる」という点を強調しているので合わない。

漢字を身につけよう⑥／言葉発見④

50～51ページ Step❷

❶ ①かいそう ②すいしょう ③たんてい ④たいこ ⑤けいこ
⑥ちくいち ⑦せいは ⑧きじょう ⑨すこ ⑩かえり
⑪そうきゅう（さっきゅう） ⑫はか ⑬じゃっかん ⑭ふさ
⑮ぜんぷく

❷ ①抵抗 ②睡 ③繊維 ④暖房 ⑤年譜 ⑥肘 ⑦販売
⑧幅 ⑨交渉 ⑩項目 ⑪箇条 ⑫秩序 ⑬試 ⑭迷路
⑮類似

❸ (1) ①エ ②ア ③オ ④キ ⑤ウ ⑥イ ⑦カ
(2) ①イ ②イ
(3) 故郷のなつかしい山並みが、いつも心の中にある。

―考え方―

❸ (1) ①普通の文の形は「僕《ぼく》たちが進む道は、いつの間にこんなに離《はな》れてしまったんだ。」となる。文の順序を逆にしているので倒置《とうち》。
②「～ような」を用いた比喩。
④「シュート。」「歓声。」と、文が体言（名詞）で終わっている。
⑤「つらそうに」「長い腕《うで》」と、木々が人であるかのような比喩表現。
⑥「暴君だ」は「ようだ」を用いない比喩。
⑦一つ目と二つ目の文は、「東」と「西」、「太陽」と「月」、「昇る」と「落ちる」がそれぞれ対応して、同じ形で並んでいる。
(2) ①「みたいに」は「ように」と同じ直喩の表現。「輝《かがや》いている」に合うのは「宝石」。②つらい登り坂や楽な下り坂があることから、「山登り」にたとえられている。

トロッコ

52〜53ページ　Step ❶

❶

(1) ウ

(2) ア

(3) a風景　b風　cトロッコの動揺

(4) その記憶さ〜れるらしい

(5) ウ

(6) 例 押してもいいと言ってくれると思った。

考え方

❶ (1) 勾配が急になって、これ以上トロッコを押して登れなくなったので、年下の二人に「さあ、乗ろう！」と言った。

(3) 良平《りょうへい》は勢いよく線路を下るトロッコに乗っていて「有頂天」になっている。トロッコのスピードがわかる表現に注目しよう。

(4) あとに「そのときの土工の姿は、今でも良平の頭のどこかに、はっきりした記憶《きおく》を残している」「その記憶さえも、年ごとに色彩は薄れるらしい」とある。これらから、これは「今」ではなく、記憶の中のことと読み取れる。二十一字の後者が答えとなる。

(5) 麦わら帽の土工に叱られたことから、トロッコに近づこうという気持ちはおさえていたが、やはりトロッコに乗りたいという気持ちはまだ強くあった。「若い男」が親しみやすそうだと思うと、「おじさん。押してやろうか?」と声をかけている。

トロッコ①

54〜55ページ　Step ❷

❶ (1) 例 早く引き返してほしいと思うのに、帰れないから。

(2) 悠々と

(3) イ

(4) 例 もう帰りたいということ。

(5) イ

(6) 例 暗くなるなか、長い道のりを、たった一人で歩いて帰らなければならないということ。

例 もう暗くなるのに、とても遠い道のりを、今から一人で歩いて帰らなければいけないこと。

❷ ① 運搬　② 初旬　③ 有頂天　④ 幾

考え方

❶ (1) 「もう帰ってくれればいい」と思いながらも、「行く所まで行き着かなければ、トロッコも彼らも帰れないこと」もわかっている。二つの気持ちの間でいらだっていることをおさえる。

(2) いらいらしている良平と「対照的」な様子というのは、「悠々と茶などを飲み始めた」土工の様子。

(3) いらだっているのは自分の都合であり、トロッコを押させてほしいと頼んだのも自分である。そしてお菓子までくれたのだから、冷淡にするのは筋違いだと思い直している。

(4) 「帰ってくれればいい」と念じているのに全く帰る気配もない。いらいらしている良平の頭には「帰りたい」ということしかない。

(5) 「西日の光」は、日没《にちぼつ》前の西に傾いた太陽の光のこと。それが「消えかかっている」というのは、もうすぐ暗くなるということ。あとの「彼はそう（＝もう日が暮れる）考えると、ぼんやり腰掛けてもいられなかった」に、良平のあせりと不安が読み取れる。

(6) あとに「そういうことが一時《いちじ》にわかったのである」とある。「そういうこと」とは、もう暗くなること、とても遠くまで来たこと、一人で歩いて帰らねばならないこと。三点をおさえてまとめよう。

トロッコ②

56〜57ページ　Step ❷

❶ (1) ウ

(2) イ

(3) 例 不安がどんどん深まっていく気持ち。
(4) 例 やっと家に着いて、それまでの緊張が緩んだから。
(5) あの遠い道
(6) 例 今でも、薄暗いやぶや坂のある道を走ったあのときと同じ心細さと不安の中にいるということ。
例 薄暗いやぶや坂のある道を走ったときと同じように、今も不安と心細さの中で生きているということ。

❷ ①泥 ②勾配 ③帽 ④冷淡

—考え方—

❶ (1) 着物（羽織）については、第二段落に「すると今度は」とあるので、もう少しあとになってから重く感じたことがわかる。足は軽くなったが心は重いままだった、ということを読み取りたい。
(2) 「ほてり」は、顔が熱くなったり、夕日が赤くなったりすることを意味する言葉。ここは「空」についての描写なので、後者。
(3) どんどん暗くなっていくのである。良平の不安が増していくのが推測できる。
(4) 「村外れの工事場が見えたとき」「ひと思いに泣きたくなった」、しかし「とうとう泣かずに駆け続けた」とあることから、必死に我慢していたことがわかる。「うちの門口へ駆け込んだとき」「とうとう」泣いたのは、安心して緊張がほどけたのである。
(5) 泣くわけを尋ねられても「泣き立てるよりほかにしかたがなかった」。それは「あの遠い道を駆け通してきた、今までの心細さを振り返ると、いくら大声に泣き続けても、足りない気持ちに迫られ」るからである。
(6) 「塵労《じんろう》」は、日々の生活の上のわずらわしい苦労のこと。良平が大人になり、妻子を養うため仕事をしていることから想像しよう。「そのとき」と同じ不安と心細さにいることが書かれていればよい。

漢字を身につけよう⑦

58〜59ページ Step 2

❶ ①はくぼ ②おど ③しか ④ゆうゆう ⑤け ⑥まぎ ⑦かどぐち ⑧じぜん ⑨きゅうくつ ⑩こうそく ⑪ふさ ⑫めい ⑬しょうもう ⑭ふち ⑮じゅれい

❷ ①眺 ②端 ③戻 ④触 ⑤色彩 ⑥繕 ⑦傾斜 ⑧咲 ⑨無我 ⑩疲 ⑪切符 ⑫飢 ⑬圧倒 ⑭連絡 ⑮綱

❸ ①イ ②ア ③ア ④ウ

❹ ①aこ bき ②aえん bぞの ③aと bけん ④aじゅく bう ⑤aはがね bこう ⑥aがたき bてき ⑦aせい bしょう ⑧aあに bけい

—考え方—

❸ ①「おもむろに」は、ゆっくりとした動きを表す。「不意に」「突然に」の意味で使わないように注意する。
②「あっけ」は、驚きあきれてぼんやりした状態のことである。

意味と意図——コミュニケーションを考える

60〜61ページ Step 1

❶ (1) イ
(2) 私が窓を開けることができるかどうか
(3) a意味 b日常生活 c推測 d言外の意図
(4) ひどい誤解が生じる
(5) ア
(6) ア

—考え方—

❶ (1) このあとに、「字面《じづら》どおりの『質問』ではなく、『窓を開けてください。』という『依頼』であると解釈するから」とある。
(3) a・bは第一段落の一文目「発せられた言葉の……頻繁にみられ

ます。」から抜き出す。c・dは第一段落最後の「つまり、……気づかせてくれるのです。」という一文から抜き出す。

(4) ここでは、うまく意図が伝わらないとトラブルになるといっている。「トラブル」について、最後の段落の最後の一文で、「最悪の場合……ひどい誤解が生じる危険性もあります」と述べている。指定の字数に従って抜き出そう。

(5) アは、「誰よりも」が、「他のどの生徒よりも私が」なのか、「他のどの先生よりも担任の先生を」なのか、二つの意味に取れるという点で、——線④の文と共通している。

(6) アは第三段落・第四段落に注目する。写真をSNSにアップしたとき、「個人的に知らない相手」の発言は「誤解が生じる危険性」があるという内容に合う。イ「写真をアップしないほうがよい」とまでは述べていない。ウ「常に正しく理解される」が誤り。

言葉発見⑤／漢字を身につけよう⑧

62〜63ページ Step 2

❶ ①ひんぱん ②か ③くも ④きょうい ⑤るり ⑥とつじょ ⑦やなぎ ⑧ぼっこう ⑨にぶ ⑩じゅんしゅ ⑪ぼくめつ ⑫かんぬし ⑬たき ⑭ひつぜつ ⑮めんぼく

❷ ①離 ②依頼 ③元旦 ④傘 ⑤完璧 ⑥蛇 ⑦堀端 ⑧怒 ⑨憎 ⑩老朽 ⑪初 ⑫革 ⑬背 ⑭手綱 ⑮上

❸ (1) ①A ②B ③A ④B ⑤A
(2) ①ウ ②イ ③ウ

❹ ①ア ②イ ③ア ④ウ

—考え方—

❸ (2) 共通語では、アのような平板なアクセントは通常用いられない。「橋」と「端《はし》」は同じアクセントだが、それぞれ後ろに助詞（「が」「に」など）がつくと、「橋」の後ろの助詞は音が低くなり、「端」の後ろの助詞は高いままになるという違いがある。

少年の日の思い出

64〜65ページ Step 1

❶ (1) イ
(2) ア
(3) a熱情的な収集家 b思い出
(4) a見せてほしい b不愉快
(5) ア

—考え方—

❶ (2) この情景描写にある「闇《やみ》に沈んで」「夜色に閉ざされ」などの言葉は、時間の経過を示すだけではなく、これからの物語の展開が決して明るいものではないことを暗示している。

(3) 「彼」の言葉に注目しよう。「僕《ぼく》は小さい少年の頃熱情的な収集家だった」、あとのほうでは「僕も子供のとき、無論、収集していたのだが、残念ながら、自分でその思い出をけがしてしまった」と語っている。「けがしてしまった」、つらい思い出なのである。

(5) 「彼」はこれから「話すのも恥ずかしい」という話をしようとしている。話すほうも聞くほうも闇の中にいるのは都合がよい。同時に、「彼」の沈痛な思いもうかがえる描写である。

少年の日の思い出①

66〜67ページ Step 2

❶ (1) ①例 チョウを捕らえようとするときの、微妙な喜びと、激しい欲望との入り交じった気持ち。
②宝を探す人
(2) ア
(3) ガラスの蓋のある木箱／緑色のガーゼを貼った飼育箱（順不同）
(4) 例 自分は幼稚な道具しか持っていないので、ぜいたくな道具を持っている他の子に見せるのが恥ずかしくなったから。

例 自分には幼稚な設備しかないので、ぜいたくな道具を持っている他の子に対し劣等感があったから。

(5) 例 収集がこぎれいで手入れが正確な点。
例 チョウの羽を継ぎ合わす技術を持っている点。(順不同)

❷ ① 閉 ② 不愉快 ③ 載 ④ 休暇

考え方

❶ (1) ①第一段落全体に、チョウを捕《と》らえようとするときの気持ちが詳しく描かれている。「なんともいえぬ、貪《むさぼ》るような、うっとりした感じ」「捕らえる喜びに息もつまりそう」「その緊張と歓喜」「微《び》妙《みょう》な喜びと、激しい欲望との入り交じった気持ち」などとあるが、「どのような気持ちか」と問われているので、「微妙な喜びと、激しい欲望との入り交じった気持ち」を用いてまとめよう。
②比喩なので、「まるで〜のように」を用いている「まるで宝を探す人のように」に注目する。

(2) 直前に「しだいに忍び寄って」とあるので、チョウに近づいていることがわかる。「斑点」「羽の脈」「触角」それぞれの「一つ一つ」という細部を描いているので、アが合う。イは「たくさんの色の名を挙げて」が合わない。ウは「第三者の視点から」が合わない。

(3) これは「僕」が収集をしまっておく箱である。あとに「他の者はガラスの蓋《ふた》のある木箱や、緑色のガーゼを貼った飼育箱や、その他ぜいたくなものを持っていた」とあるので、ここから抜き出す。

(4) 「他の者」は「ぜいたくなもの」を持っていたので、「自分の幼稚な設備を自慢することなんかできなかった」とあるところから考えよう。

(5) 「彼の収集は……、こぎれいなのと、手入れの正確な点で一つの宝石のようなものになっていた」「彼はそのうえ、……非常に難しい珍《めずら》しい技術を心得ていた」から、「こぎれいで手入れが正確」「難しい珍しい技術を持っている」という二つをおさえる。

少年の日の思い出② 68〜69ページ Step 2

❶ (1) 彼が僕の言

(2) 例 クジャクヤママユを、だいなしにしてしまったこと。

(3) 悪漢

(4) 彼は罵りさ

(5) イ

(6) 例 自分がしてしまったことに対し、自分へばつをあたえ、もうチョウの収集はできないと思ったから。
例 自分のしてしまったことを考えると、もうチョウの収集をする資格はないと思ったから。

❷ ① 幼稚 ② 涼 ③ 優雅 ④ 途中

考え方

❶ (1) 前の文に理由が述べられている。「僕の言うことをわかってくれない」「全然信じようともしない」ということを、「前もって、はっきり感じていた」から、出かける気持ちになれなかった。

(2) 「それ」は、チョウにおきた事態全体を指していることに注意しよう。エーミールは「誰かがクジャクヤママユをだいなしにしてしまった」と言っているので、「だいなし」という言葉を使えばよい。

(3) 「そんなやつ」というのは、チョウを乱暴に扱い、だいなしにしてしまうようなやつ、ということ。第四段落に「僕は悪漢だということに決まってしまい」とある部分に注目する。「悪漢」とは悪事をはたらく者という意味なので、この言葉を抜き出す。

(4) 「ひと続きの二文」という点に注意する。エーミールの冷淡な態度は、前のほうでも「激したり、僕をどなりつけたりなどはしない」「低く、ちえっと舌を鳴らし、しばらくじっと僕を見つめていた」や、「依然僕をただ軽蔑《けいべつ》的に見つめていた」にも表れているが、次の段落の最後で「彼は罵《ののし》りさえしなかった。ただ僕を眺めて、軽蔑していた。」と二つの短文で簡潔に述べられている。

(5) 「そのとき初めて僕《ぼく》は、……もう償いのできないものだということを悟った」とある。うちひしがれ、みじめな気持ちで帰宅したので、そっとしておいてほしかったという気持ちに合うのは、イ。

(6) 「僕」は、自分がしてしまったことは、取り返しがつかない、償いができないと悟った。「自分への罰《ばつ》」という意味あい、チョウを潰《つぶ》すことで「チョウの収集から決別する」という意味あいがあると思われる。

漢字を身につけよう⑨

70〜71ページ　Step 2

❶ ①かんだか ②はんてん ③すで ④たんねん ⑤つぐな ⑥ひんきゃく ⑦ぜんげん ⑧いんぶん ⑨しょみん ⑩きょうじゅ ⑪かぶき ⑫しゅうめい ⑬ようきょく ⑭みりょう ⑮ていねい

❷ ①書斎 ②不透明 ③濃 ④荒野 ⑤壊 ⑥貧弱 ⑦鑑定 ⑧熱烈 ⑨攻撃 ⑩惑 ⑪盗 ⑫悟 ⑬猫 ⑭詳 ⑮喉

❸ ①イ ②ア ③ア ④ウ

❹ ①aいた bしょう ②aはん bおか ③aしょう bうけたまわ ④aそこ bそん ⑤aけつ bあな ⑥aひろ bしゅう ⑦aはた bき ⑧aさい bた

考え方

❸ ①「貪《むさぼ》る」にはアの意味もあるが、文に合うのはイの意味。②イとしないように注意する。

文法のまとめ

72ページ　Step 2

❶ ①卵が｜ないので｜近所の｜お店で｜買った。②兄は｜台所で｜料理を｜して｜いる。③今夜｜は｜きっと｜きれいな｜満月｜だろ｜う。④そんな｜所｜に｜立っ｜て｜い｜たら｜危ない｜よ。

❷ (主語・述語の順) ①予定が・ある ②妹は・出る ③彼女こそ・ふさわしい ④ものは・健康だ

❸ 聞いて・もらった

❹ ①イ ②ウ ③ア

❺ ①例か(だろう) ②例でしょう(のではないか)

考え方

❶ ①・②文節は「ネ」や「サ」でくぎることができる。②「いる」は補助的な意味をそえる言葉で、一つの文節となる。③「だろう」は「だろ」と「う」の二つの助動詞。④「て」は助詞、「たら」は助動詞。「危ない」は一つの形容詞。

❷ ①「何が―ある」、②「何が(誰が)―どうする」、③「何が(誰が)―どんなだ」、④「何が―何だ」の関係である。

❸ 「聞いて」が実質的な意味、「もらった」が補助的な意味を表し、一体の連文節となる。

❹ ①イは名詞、他は形容詞。②ウは副詞、他は接続詞。③アは形容詞、他は連体詞。

❺ あとに決まった言葉がくる陳述《ちんじゅつ》(叙述《じょじゅつ》)の副詞である。①は疑問を表す言葉、②は予想や想像を表す言葉であればよい。

テスト前 ☑ やることチェック表

① まずはテストの目標をたてよう。頑張ったら達成できそうなちょっと上のレベルを目指そう。
② 次にやることを書こう（「ズバリ英語〇ページ，数学〇ページ」など）。
③ やり終えたら□に✔を入れよう。
最初に完ぺきな計画をたてる必要はなく，まずは数日分の計画をつくって，
その後追加・修正していっても良いね。

目標

	日付	やること 1	やること 2
2週間前	／	□	□
	／	□	□
	／	□	□
	／	□	□
	／	□	□
	／	□	□
	／	□	□
1週間前	／	□	□
	／	□	□
	／	□	□
	／	□	□
	／	□	□
	／	□	□
	／	□	□
テスト期間	／	□	□
	／	□	□
	／	□	□
	／	□	□
	／	□	□

QRコードのページに登録すると，「ぴたリンク」からも表をダウンロードできるよ

テスト前 ☑ やることチェック表

① まずはテストの目標をたてよう。頑張ったら達成できそうなちょっと上のレベルを目指そう。
② 次にやることを書こう（「ズバリ英語○ページ，数学○ページ」など）。
③ やり終えたら□に✔を入れよう。
最初に完ぺきな計画をたてる必要はなく，まずは数日分の計画をつくって，
その後追加・修正していっても良いね。

目標

	日付	やること 1	やること 2
2週間前	／	□	□
	／	□	□
	／	□	□
	／	□	□
	／	□	□
	／	□	□
	／	□	□
1週間前	／	□	□
	／	□	□
	／	□	□
	／	□	□
	／	□	□
	／	□	□
	／	□	□
テスト期間	／	□	□
	／	□	□
	／	□	□
	／	□	□
	／	□	□

QRコードのページに登録すると，「ぴたリンク」からも表をダウンロードできるよ

キリトリ線